Dibebaskan dari Kuasa Kegelapan -

Edisi Lengkap 2025

INI ADALAH KISAH NYATA SEORANG MANTAN PENYIHIR AFRIKA YANG DISELAMATKAN OLEH KEKUATAN TUHAN YANG DAHSYAT - Edisi Lengkap 2025

Pembebasan dari Kuasa Kegelapan Seri 1

oleh

Emmanuel Eni; Zacharias Dewa Laut ;
Duta Besar Senin O.O gbe ;

Table of Contents

Tentang buku – Dibebaskan dari Kuasa Kegelapan – Edisi Lengkap 2025

SANGAT PENTING — INI ADALAH KISAH NYATA TENTANG SEORANG MANTAN PENYIHIR AFRIKA YANG DISELAMATKAN OLEH KUASA TUHAN YANG DAHSYAT. BUKU INI BUKAN FIKSI.

Ini adalah kesaksian sejati dari **Pendeta Emmanuel Amos Eni** , seorang pria yang dulunya sangat terlibat dalam okultisme, diselamatkan oleh kuasa Yesus Kristus yang tiada bandingnya.

"Saat kamu pergi, beritakanlah... 'Kamu telah menerima dengan cuma-cuma, berikanlah juga dengan cuma-cuma.'" — Matius 10:7-8
"Pulanglah ke rumahmu kepada teman-temanmu dan ceritakanlah kepada mereka betapa banyak yang telah Tuhan lakukan bagimu dan betapa Ia telah berbelas kasihan kepadamu." — Markus 5:19
"Mereka mengalahkan dia oleh darah Anak Domba dan oleh perkataan kesaksian mereka." — Wahyu 12:11
"Berbahagialah orang-orang yang memelihara kesaksian-kesaksian-Nya, yang mencari Dia dengan segenap hati mereka." — Mazmur 119:2
"Kamu adalah saksi-saksi-Ku," firman Tuhan, "dan hamba-Ku yang telah Kupilih, supaya kamu mengenal dan percaya kepada-Ku, dan mengerti bahwa Akulah Dia. Sebelum Aku tidak ada Allah yang dibentuk, dan sesudah Aku pun tidak akan ada." — Yesaya 43:10-12

Edisi Lengkap 2025 – Kebangkitan Berlanjut

Empat dekade setelah pembebasan dramatis Pendeta Emmanuel Amos Eni, *Delivered from the Power of Darkness* terus membangkitkan banyak orang di seluruh dunia — dari Afrika hingga Asia, dari Eropa hingga Amerika. Para pembaca muda dan tua telah bersaksi tentang perjumpaan dengan Tuhan, mimpi, penglihatan, dan semangat baru untuk kekudusan setelah membaca buku ini.

Edisi Perluasan 2025 ini telah diperbarui dengan penuh doa untuk:

1. Klarifikasi dan Kontekstualisasi

Beberapa pembaca mengajukan pertanyaan geografis dan historis tentang lokasi dan peristiwa tertentu yang disebutkan dalam cerita aslinya (seperti Bendel dan Imo). Dalam edisi ini, kami dengan cermat mempertahankan narasi otentik Emmanuel Eni sambil memberikan catatan kaki dan konteks editorial — memastikan cerita tetap setia namun mudah dipahami oleh generasi pembaca baru yang tidak familiar dengan batas-batas negara historis Nigeria atau istilah-istilah budayanya.

2. Tambahkan Wawasan dan Komentar Spiritual

Edisi ini mengintegrasikan penjelasan kitab suci yang lebih mendalam tentang topik-topik seperti:

- Kejatuhan para malaikat dan asal usul kejahatan

- Cara kerja perjanjian maritim dan okultisme
- Struktur kerajaan Setan versus pemerintahan terang Allah.
- Perang tak terlihat antara penguasa-penguasa dan otoritas orang percaya di dalam Kristus
- Proses pembebasan orang percaya — *wahyu, godaan, serangan, dan pemulihan.*

Tambahan-tambahan ini diambil dari **Kitab Suci** , **kesaksian pembebasan global** , dan **renungan 40 hari "Dari Kegelapan Menuju Kekuasaan"** karya *Zacharias Godseagle , Duta Besar Monday O. Ogbe , dan Comfort Ladi. Ogbe* — sebuah karya pendamping yang dirujuk di seluruh volume ini.

3. Sertakan Pengalaman Nyata di Zaman Modern

Edisi baru ini memperkenalkan **"Pertanyaan Pembaca & Percakapan Global"** — dialog pemuridan nyata dengan orang percaya di seluruh dunia yang, setelah membaca kesaksian Emmanuel, mulai mengalami kebangkitan serupa.

Salah satu fitur tersebut adalah kisah luar biasa dari **Saudara Francesco** , seorang umat beriman asal Italia yang menulis surat kepada *God's Eagle Ministries* setelah menemukan buku tersebut dan menerima wahyu yang jelas tentang dunia yang tak terlihat. Surat-menyuratnya, yang disertakan secara lengkap, menjadi contoh bagaimana Roh Kudus terus membimbing umat beriman biasa hingga saat ini — melalui doa, Kitab Suci, dan bimbingan kenabian.

4. Melengkapi dengan Doa Pembebasan dan Pengutusan

Di akhir bagian-bagian penting, Anda akan menemukan **doa-doa pembebasan** , **deklarasi harian** , dan **doa pengutusan terakhir** —yang dirancang untuk membimbing pembaca selangkah demi selangkah menuju kebebasan. Terdapat juga **"Doa Penyerahan Diri dari Kegelapan" khusus** dan tautan ke **Perjalanan Kesadaran dan Pembebasan 40 Hari** , yang tersedia melalui *From Darkness to Dominion* bagi mereka yang mencari jalan terstruktur menuju kemenangan.

5. Pulihkan, Bukan Ganti

Edisi ini **tidak** mengubah esensi kisah Emmanuel Eni. Suaranya tetap tidak berubah — kesaksiannya masih menggelegar dengan keaslian yang tulus dan kuasa ilahi. Namun, wawasan tambahan menerangi makna yang lebih dalam di balik pengalamannya, menunjukkan bagaimana Tuhan yang sama yang menyelamatkannya terus menyelamatkan orang lain di berbagai negara hingga saat ini.

Mengapa Ini Penting Sekarang

Kita hidup di generasi di mana kegelapan tidak lagi bersembunyi — ia memasarkan dirinya sendiri. Namun Tuhan membangkitkan saksi-saksi-Nya lagi, memanggil pria dan wanita keluar dari tipu daya menuju kekuasaan.
Buku ini tetap menjadi terompet kenabian untuk zaman ini — menyingkap apa yang tersembunyi, menghadapi apa

yang ditoleransi, dan memberdayakan orang percaya untuk berjalan dalam kebijaksanaan dan kemenangan.

Semoga setiap pembaca yang membuka halaman-halaman ini mengalami kasih karunia yang mengubah hidup yang sama seperti yang menyelamatkan Emmanuel Eni — dan bergabung dengan kelompok global orang-orang **yang dibebaskan dari kegelapan dan diutus ke dalam terang-Nya yang menakjubkan.**

"Allah damai sejahtera akan segera menghancurkan Setan di bawah kakimu." — Roma 16:20

Tentang Penulis

(Edisi Lengkap 2025 – Dengan Wawasan Editorial dan Anotasi)

Nama saya **Emmanuel Eni** — ini adalah kisah nyata tentang belas kasih, anugerah, dan kasih sayang Tuhan yang tak pernah gagal dalam hidup saya.

Alkitab berkata, *"Didiklah anakmu sesuai dengan jalan yang harus ditempuhnya, maka apabila ia dewasa ia tidak akan menyimpang dari jalan itu"* (Amsal 22: 6).

Inilah kisah tentang karya-karya Allah yang perkasa, menakjubkan, dan misterius, yang ditulis sebagai ketaatan kepada perintah Tuhan Yesus Kristus, yang berkata kepadaku, *"Pergilah dan berikan kesaksian tentang apa yang telah Kulakukan bagimu."*

Orang sering menganggap kemalangan sebagai takdir yang tak dapat diubah. Sampai batas tertentu, ini benar, tetapi bagi anak Tuhan, setiap kehidupan telah direncanakan secara ilahi (Amsal 16: 9). Apakah rencana itu terpenuhi atau tidak bergantung pada beberapa hal — kedekatan seseorang dengan Tuhan, pemahaman mereka tentang tujuan akhir hidup, dan lingkungan yang membentuk pembentukan spiritual mereka.

Perjalanan hidup setiap orang selalu dihadapkan pada tantangan kekuatan eksternal. Krisis terjadi ketika kita menyerahkan **kehendak kita** —baik untuk kebaikan maupun kejahatan. Kehendak untuk menaati Tuhan adalah kekuatan terbesar bagi orang percaya yang baru lahir, sementara kehendak untuk tidak taat adalah kekuatan yang paling merusak di tangan seorang berdosa.

Seorang anak yang ditinggalkan sendirian di dunia akan segera dikuasai oleh salah satu dari dua kekuatan: **baik atau jahat** , **terang atau gelap** , **Tuhan atau iblis** . Setiap jiwa harus memilih tuan mana yang akan dilayaninya. Itulah sebabnya Kitab Suci berkata, *"Didiklah anakmu sesuai dengan jalan yang harus ditempuhnya, dan apabila ia dewasa, ia tidak akan menyimpang darinya."*

Anda pasti setuju bahwa orang yang paling disayangi dan dekat di hati seorang anak adalah ibunya. Namun, seorang yatim piatu jauh lebih rentan—secara fisik dan spiritual. Seorang ibu melindungi tubuh dan jiwa; ketika kedua orang tua hilang, dan terutama melalui keadaan yang misterius, anak tersebut menjadi rentan terhadap serangan kegelapan.

Kisahku dimulai lebih dari dua dekade lalu di sebuah desa kecil bernama **Amerie. Iriegbu Ozu Item** , terletak di **Distrik Bende (sekarang bagian dari Negara Bagian Abia , tetapi sebelumnya berada di Negara Bagian Imo pada saat cerita ini terjadi)** . Orang tua saya bukanlah orang kaya, namun ayah saya mewarisi empat puluh dua hektar tanah dari kakek saya — sebuah berkah yang berubah menjadi tragedi terdalam dalam sejarah keluarga kami.

Karena warisan ini, ayahku menjadi sasaran iri hati kerabat baik dekat maupun jauh. Saat itu aku tidak mengerti, tetapi iri hati dan keserakahan menjadi pintu masuk bagi kebencian dan kehancuran yang mengerikan untuk memasuki rumah tangga kami. Apa yang dimulai sebagai kecemburuan biasa segera berubah menjadi peristiwa aneh yang akan mengubah jalan hidupku selamanya.

Dedikasi

Demi kemuliaan Allah Bapa, Putra, dan Roh Kudus—
yang menyelamatkan dari kegelapan dan memanggil kita ke dalam terang-Nya yang ajaib.

Kesaksian ini didedikasikan pertama dan terutama kepada
Tuhan dan Juruselamat kita Yesus Kristus ,
Anak Domba Allah yang menghapus dosa dunia, yang belas kasih-Nya menjangkau kedalaman kegelapan dan membawa penebusan kepada jiwa yang dulunya tersesat tetapi sekarang menyala dengan tujuan.

Kepada **Pendeta Emmanuel Amos Eni** , yang keberaniannya untuk mengungkapkan pekerjaan kegelapan yang tersembunyi
telah menerangi generasi demi generasi dan terus membebaskan tawanan melalui kekuatan kebenaran. Ketaatanmu pada visi surgawi tetap menjadi mercusuar harapan dan peringatan bagi bangsa-bangsa.

Kepada semua yang telah dibebaskan oleh kuasa Yesus Kristus,
semoga kebebasanmu menjadi kesaksian bagi orang lain yang masih terbelenggu.

Kepada Gereja yang berdoa—pengantin Kristus—
semoga kisah ini membangkitkan kembali semangat Anda untuk kekudusan, kewaspadaan, dan belas kasih.

"Karena Anak Manusia datang untuk mencari dan menyelamatkan yang hilang."
(Lukas 19:10)

Ucapan Terima Kasih

Dengan rasa syukur yang mendalam, kami mengakui dan menghormati:

- **Pendeta Emmanuel Amos Eni** , hamba pilihan dan saksi mata pembebasan dari kedalaman tipu daya setan. Kesaksianmu tetap menjadi terompet ilahi—membangkitkan orang percaya kepada realitas spiritual dan memuliakan keagungan Yesus Kristus. Hidupmu terus membuktikan bahwa tidak ada kegelapan yang terlalu dalam bagi belas kasihan Allah.
- **Tuhan Yesus Kristus** , Sang Pencipta Keselamatan, Pembebas jiwa-jiwa, dan Raja Kemuliaan yang Kekal—yang kuasa-Nya mematahkan setiap rantai, menyembuhkan setiap luka, dan memulihkan tujuan hidup bagi mereka yang tersesat.
- **Roh Kudus** , Sang Penyingkap Kebenaran dan Penopang orang-orang yang ditebus—yang meyakinkan, memberi kuasa, dan menghibur semua orang yang mengikuti Kristus dengan tulus.
- **Para pelayan Tuhan yang setia, para pendoa syafaat, dan murid-murid Yesus Kristus** di seluruh dunia, yang membawa obor kebenaran dan doa peperangan ke rumah-rumah, mimbar-mimbar, dan komunitas-komunitas. Keteguhanmu dalam membela kebenaran mengguncang kerajaan kegelapan.
- **Tubuh Kristus sedunia** , yang dibangkitkan oleh kesaksian ini untuk kewaspadaan rohani, belas kasihan terhadap yang tersesat, dan komitmen terhadap kemurnian dalam hidup dan ajaran.

- **Tim penerbitan dan pemulihan** di *God's Eagle Ministries (GEM)* dan *Otakada.org* , di bawah kepemimpinan **Duta Besar Monday O. Ogbe** , yang misinya adalah *"Menabur Firman Tuhan di Seluruh Bangsa—Satu Kehidupan pada Satu Waktu"* memastikan bahwa terang kesaksian ini mencapai setiap sudut bumi.
- **Para mitra dan pendukung di seluruh dunia** , yang melalui doa, pemberian, dan dorongan, terus memungkinkan penyampaian pesan-pesan pembebasan, pemuridan, dan transformasi kepada dunia yang membutuhkan kebenaran dan harapan.

Akhirnya, segala ucapan syukur kembali kepada **Dia yang memerintah selama-lamanya—**
Alfa dan Omega, Yang Pertama dan Yang Terakhir, kepada-Nya setiap lutut akan berlutut dan setiap lidah akan mengaku:
Yesus Kristus adalah Tuhan.

"Kepada Dia yang mengasihi kita dan yang telah membebaskan kita dari dosa-dosa kita dengan darah-Nya, dan yang telah menjadikan kita suatu kerajaan dan imam-imam untuk melayani Allah Bapa-Nya—
kepada Dia kemuliaan dan kuasa untuk selama-lamanya. Amin."
(Wahyu 1:5-6)

Tentang Penerbit – Gods Eagle Ministries – Otakada.org

"Menabur Benih di Seluruh Bangsa, Mengubah Kehidupan."

God's Eagle Ministries (GEM) *— juga dikenal sebagai Otakada.org — adalah gerakan Kristen tanpa batas yang dipimpin oleh Roh Kudus dan berkomitmen untuk membawa penyembuhan, pembebasan, pemuridan, dan pemulihan kepada bangsa-bangsa melalui kebenaran abadi Firman Tuhan.*

Kami adalah ***Gereja tanpa tembok, batas, atau denominasi****, yang menjawab panggilan Yesus dalam Yohanes 17:21-23 — "Supaya mereka semua menjadi satu."*

Visi Kami

Membangun ***Dunia Kristen yang Bersatu*** *— di mana orang percaya berjalan dalam kesatuan rohani, diberdayakan oleh kebenaran, dibimbing oleh Roh Kudus, dan diubahkan melalui pemuridan berdasarkan ketaatan.*

Misi Kami

"Menabur Firman Tuhan di Seluruh Bangsa – Satu Kehidupan pada Satu Waktu."

Melalui buku-buku seperti "Dibebaskan dari Kuasa Kegelapan," GEM menyinari tempat-tempat gelap dengan terang Yesus, mengungkapkan kuasa-Nya untuk menyelamatkan, menyembuhkan, dan membebaskan. Kami melakukan ini dengan cara:

- *Menerbitkan dan mendistribusikan* ***sumber daya pemuridan dan pembebasan Kristen*** *di lebih dari* ***66 negara.***
- *Menyelenggarakan* ***perjalanan pemuridan otomatis selama 40 hari*** *di Otakada.org*
- *Terlibat dalam pelayanan* ***konseling, doa, penyembuhan, dan pembebasan di seluruh dunia.***
- *Bermitra dengan* ***lima karunia pelayanan*** *untuk memperlengkapi Tubuh Kristus bagi persatuan dan kedewasaan.*
- *Membuat dan menyebarkan* ***lebih dari 2 juta konten berpusat pada Kekristenan*** *di seluruh dunia.*

Nilai-Nilai Inti Kami

Keberanian • Integritas • Keunggulan • Keberanian • Kreativitas • Kecepatan • Kebaikan

Semangat Kami

Kami sangat bersemangat membantu orang percaya mengalami ***kebebasan sepenuhnya di dalam Kristus*** *— roh, jiwa, dan tubuh.*
Melalui kesaksian nyata seperti "Dibebaskan dari Kuasa Kegelapan," kami memberitakan kemenangan Salib dan kuasa Roh Kudus yang mengubah segala bentuk perbudakan.

Tujuh Ekspresi Inti dari Apa yang Kami Lakukan

1. ***Keterlibatan dengan pesan Persatuan kepada Gereja-gereja:*** *Kami berinteraksi dengan berbagai denominasi, mendorong mereka untuk saling berinteraksi.*
2. ***Doa dan Puasa Tahunan:*** *Setiap tahun, kami mendedikasikan* ***40 hari*** *(17 Maret – 26 April) untuk berdoa syafaat bagi Gereja dan kepemimpinan dengan tema inti* ***persatuan, kebangkitan rohani, dan pemuridan*** *.*
3. ***Penerbitan:*** *Kami telah menerbitkan* ***lebih dari 65 buku tentang pemuridan*** *yang ditulis oleh kami sendiri dan* ***lebih dari 100 judul buku*** *karya penulis Kristen lainnya, yang didistribusikan ke* ***66 negara*** *.*
4. ***Distribusi Konten Global:*** *Kami telah membuat, mengumpulkan, dan menyebarkan* ***lebih dari 2 juta sumber daya Kristen*** *dari beragam karunia pelayanan lima bidang.*
5. ***Program Pemuridan 40 Hari Otomatis bersama Yesus:*** *Sebuah perjalanan terpandu yang diselenggarakan di* ***Otakada.org*** *, diakses oleh umat percaya di seluruh dunia.*
6. ***Konseling & Pemulihan:*** *Kami memberikan konseling kepada umat Kristen di seluruh dunia (melalui web + tatap muka) saat Tuhan memberikan* ***penyembuhan, pembebasan, dan pemulihan — roh, jiwa, dan tubuh*** *.*
7. ***Aksi Kenabian:*** *Sebagaimana dipimpin oleh Roh Kudus, kami melaksanakan* ***aksi kenabian*** *dan* ***penyerahan wilayah*** *kepada Tuhan.*

Sedikit Tentang Persatuan (Kejelasan Alkitabiah)

- **Kesatuan Roh (Efesus 4:3):** Suatu *realitas yang* ada di antara orang percaya—dipelihara melalui kerendahan hati, kasih, dan ikatan perdamaian. Kita tidak menciptakannya; kita **menjaganya** .
- **Kesatuan Iman (Efesus 4:13):** Sebuah *target pertumbuhan* —dicapai ketika Gereja bertumbuh dalam **pengetahuan tentang Putra Allah** melalui **pemuridan berdasarkan ketaatan** .

Ini berarti persatuan kita bersifat **relasional (dalam Roh)** dan **membentuk (menuju kedewasaan seperti Kristus)** — bukan sekadar keseragaman, tetapi **kesatuan dalam Yesus** di seluruh denominasi dan bangsa.

Jangkauan Global Kami

- *Lebih dari **500 buku yang ditulis** oleh **Duta Besar Monday O. Ogbe** dan tim GEM.*
- *Kehadiran aktif di **66+ negara***
- *Jangkauan bulanan lebih dari **500.000 orang secara online dan offline.***
- ***Doa dan Puasa Global Tahunan Selama 40 Hari** (17 Maret – 26 April) untuk kebangkitan rohani, persatuan, dan pemulihan.*

🔗 ***Platform Pelayanan Kami***

- *Otakada.org — Pemuridan, pembebasan, doa, dan pelayanan kenabian*

- *Shop.Otakada.org — Buku, kursus daring, dan alat-alat pertumbuhan rohani Kristen*
- ***Halaman Penulis Amazon:***
    - *Zacharias Godseagle / Ambassador Monday O. Ogbe – Halaman 1 - https://www.amazon.com/stores/Zacharias-Godseagle/author/B0FCZ89D4K*
    - *Duta Besar Monday O. Ogbe – Halaman 2 https://www.amazon.com/stores/author/B07MSBPFNX/allbooks*
- ***Saluran YouTube:***
    - *Pelayanan Elang Tuhan (Utama) https://www.youtube.com/@godseagleministries – Ajaran & kesaksian*
    - *Duta Besar Monday O. Ogbe (Terbaru) https://www.youtube.com/@AmbassadorMondayogbe – Film & Penginjilan Global*

Terhubung dengan Kami

Email: *ambassador@otakada.org*
WhatsApp / Telepon: *+1 804-778-2759 (Whatsapp) | +1 302-492-2440 | +234-803-283-5348 (Whatsapp)*
Blog: *otakada.org/blog*
Bermitra atau Memberi: *Klik disini*

Kehadiran Global Kami

- ***Pantai Timur AS:*** *3825 Lancaster Pike, Wilmington, DE*
- ***Pantai Timur AS:*** *4510 Burkes Promise Drive, Bowie, Maryland*
- ***Pantai Barat AS:*** *1985 Del Amo Blvd, Torrance, CA*

- ***Markas Besar Afrika Barat:*** *8 Sahaba Residence, Lugbe, Abuja*
- ***Kantor Pusat Afrika Barat:*** *14 Olalere Close, Off Millionaire Quarters, Jos North, Jos, Negara Bagian Plateau*

Kontak Pimpinan Penerbit

Duta Besar Monday O. Ogbe , nama samaran – Zacharias Godseagle

Pendiri, Penulis, dan Pengkhotbah Keliling
God's Eagle Ministries – Gereja Tanpa Tembok, Batas, atau Denominasi

"Bersama-sama, mari kita membangun Tubuh Kristus, menyembuhkan yang terluka, dan mempersatukan Gereja – Melalui Roh-Nya!"
Shalom!

Kata Pengantar Editor — Edisi Restorasi & Diperluas 2025

"Dan mereka mengalahkan dia oleh darah Anak Domba dan oleh perkataan kesaksian mereka." — Wahyu 12:11

Lebih dari empat dekade lalu, seorang pria sederhana bernama **Emmanuel Eni** diselamatkan dari jurang kegelapan oleh belas kasih Yesus Kristus yang tak terbendung.
Kisahnya—yang dulunya dicetak di selebaran sederhana dan diedarkan dari tangan ke tangan di seluruh Afrika—sejak itu telah menjangkau setiap benua, mengubah hati, mengungkap penipuan, dan membangkitkan gereja untuk berperang demi jiwa-jiwa manusia yang tak terlihat.

Edisi Restorasi & Perluasan 2025 ini bukanlah penulisan ulang, melainkan *pencerahan kembali* .
Kami telah dengan cermat melestarikan keaslian suara Emmanuel Eni sambil menambahkan kejelasan, konteks yang terverifikasi, dan kedalaman kitab suci untuk generasi baru yang menghadapi kekuatan kuno yang sama dalam penyamaran modern.

Saat ini, kegelapan mengenakan pakaian baru — teknologi, hiburan, perjanjian rahasia, dan penyembahan diri. Namun pertempuran tetap sama. Kesaksian dan renungan yang ditambahkan di sini menunjukkan bahwa apa yang Yesus lakukan untuk satu orang, Dia masih lakukan untuk semua orang. Dari New York hingga Nairobi, dari tempat suci hingga layar, terang-Nya masih menerobos setiap wilayah kegelapan.

Doa kami adalah agar saat Anda membaca halaman-halaman ini, rasa takut akan digantikan oleh iman, karena iman datang melalui pendengaran dan pendengaran melalui firman Tuhan, dan rasa ingin tahu akan digantikan oleh keyakinan. Semoga Anda melihat melampaui hal-hal yang sensasional menuju penebusan — bahwa ini bukan sekadar pengakuan seorang manusia, tetapi wahyu dari Juruselamat yang penuh belas kasihan.

Edisi ini juga menyertakan **Perjalanan Pembebasan 40 Hari** yang dirancang untuk membantu pembaca tidak hanya menyaksikan pembebasan tetapi *juga berjalan* dalam kekuasaan — di rumah, bangsa, dan ruang digital. Setiap hari memadukan Kitab Suci, refleksi, dan doa profetik, yang berpuncak pada seruan global bagi orang percaya untuk bangkit sebagai saksi dan pembebas bagi generasi mereka.

"Anda tidak bisa mendidik apa yang belum Anda bebaskan;
Anda tidak bisa memerintah jika Anda masih terikat."

Kami mengajak Anda untuk membaca dengan penuh doa, bijaksana, dan dengan hati yang terbuka.
Tuhan yang sama yang menyelamatkan Emmanuel Eni masih menyelamatkan hingga hari ini. Dan hanya kepada-Nya saja segala kemuliaan, kehormatan, dan kekuasaan selama-lamanya.

Dalam proses penyuntingan edisi ini, saya telah menyaksikan sendiri bagaimana buku ini kini menjembatani benua. Pesan-pesan datang setiap hari—dari Italia, Jerman, Kenya, AS, Nigeria, dan tempat-tempat lain—masing-masing membawa pertanyaan, mimpi, atau kesaksian tentang kebebasan baru. Pria dan wanita yang dulunya takut akan hal yang tak terlihat kini menemukan bahwa wahyu dari Tuhan masih berbicara hingga hari ini melalui Roh-Nya.

Untuk memenuhi kerinduan yang terus berkembang ini, kami telah menciptakan platform dialog berkelanjutan di dalam **komunitas pemuridan global GEM** (tercantum di akhir volume ini). Di sana, para pembaca dapat berbagi pengalaman mereka, mengajukan pertanyaan, dan mempelajari Kitab Suci yang menerangi kisah Emmanuel Eni—seperti yang dilakukan Saudara Francesco dari Italia. Interaksi ini mengingatkan kita bahwa kisah ini belum selesai; kisah ini terus berkembang. Temukan detail lebih lanjut dalam judul **"Pertanyaan Pembaca, Percakapan Global, dan Sekolah Pembebasan"**

"Delivered from the Power of Darkness" telah menjadi sebuah buku sekaligus gerakan—sebuah ruang kelas global di mana Roh Kudus adalah Guru dan Kristus adalah Pelajarannya.

— Duta Besar Monday O. Ogbe

Pendiri, **God's Eagle Ministries (GEM)**
Editor, *Delivered from the Power of Darkness — Restored & Expanded Edition (2025)*

Bab 1 - Pelarianku Menuju "Kehidupan Baru"

(Edisi Lengkap 2025 – Dengan Wawasan Editorial dan Anotasi)

"Didiklah anakmu sesuai dengan jalan yang benar, maka apabila ia dewasa ia tidak akan menyimpang dari jalan itu" (Amsal 22: 6).

Ini adalah kisah tentang karya-karya Allah – yang perkasa, menakjubkan, dan misterius – dalam ketaatan kepada perintah Yesus Kristus kepadaku yang berkata: "Pergilah dan saksikanlah apa yang telah Kulakukan bagimu."

(Catatan Editor – Pembaruan 2025: Buku ini dimulai dengan ketaatan langsung terhadap panggilan Kristus untuk bersaksi – Markus 5:19 . Setiap kesaksian adalah senjata melawan kegelapan – Wahyu 12:11.)

Orang biasanya menganggap kemalangan sebagai takdir dan bahwa kita tidak dapat berbuat apa pun untuk mengubah peristiwa dalam hidup kita. Sampai batas tertentu, ini benar. Dalam kasus seorang anak Tuhan, hidupnya telah direncanakan (Amsal 16: 9). Apakah rencana itu terpenuhi atau tidak bergantung pada sejumlah faktor, kedekatan individu dengan Tuhan, pandangannya tentang tujuan akhir hidup, dan lingkungan sosial-spiritual tempat ia berada.

(Renungan Rohani: Kedaulatan Tuhan tidak menghapus tanggung jawab manusia. Keselarasan dengan kehendak-Nya-lah yang mengubah rencana menjadi takdir.)

Jalan hidup Anda diuji oleh beberapa faktor eksternal. Krisis terjadi ketika Anda menyerahkan KEHENDAK Anda, baik untuk kebaikan maupun kejahatan. Anda dapat mencintai atau membenci. Anda dapat ingin memahami atau salah memahami. Kehendak untuk taat adalah kekuatan terbesar seorang Kristen yang baru lahir, sedangkan kehendak untuk tidak taat adalah kekuatan yang paling menghancurkan bagi orang berdosa.

Seorang anak yang ditinggalkan sendirian di dunia dikendalikan oleh salah satu dari dua kekuatan: baik atau buruk, benar atau salah, Tuhan atau iblis. Setiap orang dihadapkan pada dua kekuatan kehidupan ini, dan masing-masing harus memilih kehidupan mana yang harus dijalaninya. Dan saya percaya itulah yang dikatakan Alkitab: "Didiklah anakmu sesuai dengan jalan yang harus ditempuhnya, dan apabila ia dewasa ia tidak akan menyimpang darinya." Anda pasti setuju bahwa orang yang paling disayangi dan paling dekat di hati setiap anak adalah ibunya. Anak yatim piatu adalah anak yang malang dan lebih rentan terhadap serangan iblis daripada anak-anak yang memiliki orang tua. Seorang ibu adalah pelindung tubuh dan jiwa, tetapi menjadi tragedi ganda ketika kedua orang tua hilang, terlebih lagi dalam keadaan yang sangat misterius.

(Konteks Budaya: Di banyak desa di Afrika, anak yatim piatu dipandang sebagai sasaran rentan terhadap

tuduhan sihir atau serangan spiritual karena mereka tidak memiliki perlindungan dan harta warisan.)

Kisahku dimulai 22 tahun yang lalu di sebuah desa kecil bernama **Amerie. Iriegbu Ozu Item** di **Wilayah Pemerintahan Lokal Bende, Negara Bagian Imo.** Orang tua saya tidak termasuk golongan kaya, tetapi ayah saya beruntung mewarisi 42 hektar tanah dari kakek saya, sebuah berkah yang kini membawa kemalangan terbesar yang pernah tercatat dalam sejarah keluarga. Ayah saya sangat dicemburui oleh kerabat jauh dan dekatnya karena alasan yang tidak saya ketahui, mungkin karena warisan tanahnya yang luas.

Abia saat ini . Wilayah ini dikenal dengan warisan keluarga yang mengakar kuat dan persaingan tanah yang terkadang berujung pada praktik balas dendam okultisme.)

Kami adalah keluarga bahagia, orang tua saya memiliki empat anak: Love, Margaret, Emmanuel, dan Chinyere. Setelah memiliki dua anak perempuan pertama, orang tua saya menunggu selama 14 tahun sebelum memiliki saya (satu-satunya anak laki-laki) dan kemudian adik perempuan saya, Chinyere. Ini membawa kebahagiaan sejati bagi keluarga, tetapi kebahagiaan ini berumur pendek karena tragedi pertama menimpa. Ibu saya yang penyayang dan penuh perhatian meninggal dunia. Ia diduga meninggal karena ilmu sihir, dan empat tahun kemudian ayah saya meninggal, lagi-lagi karena dugaan praktik juju yang dilakukan terhadapnya. Dua tahun setelah kematian kedua orang tua saya, kakak perempuan tertua saya, Love, menghilang secara misterius dan Margaret, anak perempuan kedua orang tua saya, mengalami gangguan jiwa. Itu adalah rangkaian tragedi dalam kehidupan keluarga yang sederhana dan bahagia.

(Renungan Rohani: Iri hati antar generasi dan kutukan tanah adalah titik masuk umum bagi serangan setan – Yakobus 3:16 "Sebab di mana ada iri hati dan ambisi yang mementingkan diri sendiri, di situ ada kekacauan dan segala kejahatan.")

Saya dan adik perempuan saya, Chinyere, dikirim ke rumah kakek-nenek kami. Di sana saya menyelesaikan pendidikan dasar dan kemudian diterima di Sekolah Menengah Atas Item. Saya bersekolah hingga kelas III dan putus sekolah karena kekurangan dana untuk biaya sekolah, dll. Tak lama setelah itu, kakek-nenek saya juga meninggal. Setelah semua upacara pemakaman, seorang kerabat yang tidak dikenal menjemput adik perempuan saya, Chinyere, dan hingga saat ini saya tidak tahu keberadaannya. Saya terpaksa kembali ke rumah ayah saya karena perlakuan buruk, dan hidup sendirian di usia 13 tahun. Bagaimana seorang anak berusia 13 tahun bisa menghidupi dirinya sendiri di tengah-tengah musuh ayahnya dan akibatnya musuh dirinya sendiri? Betapa takutnya saya! Peristiwa-peristiwa ini sepertinya telah mengakhiri hidup saya yang berharga. Apakah ada yang peduli? Apakah ada yang prihatin dengan "kemalangan seorang anak kecil?"

(Catatan Psikologis: Menjadi yatim piatu di usia dini dalam lingkungan yang penuh permusuhan menciptakan perasaan penolakan dan ketakutan yang mendalam, yang kemudian dieksploitasi oleh musuh melalui tawaran perlindungan dan kekuasaan palsu.)

Suatu hari aku bertemu dengan seorang teman yang kukenal sejak masa sekolah dasar, namanya **Chinedum. Onwukwe .** Chinedum sangat menyayangiku dan setelah mendengar semua yang terjadi, ia membawaku kepada orang tuanya yang dengan senang hati menerimaku dan menganggapku sebagai anak kedua. Hidupku kembali normal. Aku dirawat dengan baik. Aku bahagia lagi: saat itulah aku tahu bahwa Tuhan yang dipuja ibuku semasa hidupnya masih hidup di suatu tempat, oleh karena itu Dia telah memberiku orang tua baru, begitulah pikirku dalam hati. Aku menikmati kebaikan ini selama sekitar dua tahun dan kemudian iblis menyerang lagi.

Chinedum dan orang tuanya sedang dalam perjalanan ke Umuahia dan mobil mereka menabrak truk pengangkut laterit. Chinedum dan orang tuanya meninggal di tempat kejadian! Mendengar berita itu , saya langsung pingsan. Kesedihan saya sulit dibayangkan. Saya berhasil melewati upacara pemakaman, menyediakan kayu bakar untuk mereka yang memasak, dan menjalankan tugas-tugas kecil: setelah itu saya kembali ke rumah ayah saya dan melanjutkan pekerjaan kasar untuk bisa makan.

(Refleksi Editor: Kehilangan berulang kali menciptakan lingkaran trauma yang sering dieksploitasi oleh kekuatan gelap untuk merekrut jiwa melalui kepahitan atau keinginan untuk balas dendam.)

Saya terus melakukan pekerjaan serabutan di ladang, di kebun, pergi memancing bersama para tetua sampai suatu hari, seorang pria dari kompleks perumahan saya mempekerjakan saya untuk bekerja di ladangnya dengan upah 50 ribu. Di ladang itu, dia mengajukan serangkaian pertanyaan kepada saya. Pertama, dia meminta saya untuk menunjukkan tanah milik ayah saya; kedua, untuk menyerahkan tanah tersebut kepada siapa pun, tidak peduli seberapa dekat hubungan kekerabatannya. Dalam kedua kasus tersebut saya menolak dan dia tersinggung. Kemudian dia bersumpah akan membunuh saya di hutan. Saya menjadi takut dan berlari sambil berteriak meminta bantuan. Sayangnya, karena daerah itu jauh di dalam hutan lebat, tidak ada yang datang tetapi pertolongan datang dari Tuhan. Dia mengejar saya dengan pisaunya tetapi karena saya lebih muda, saya terlalu cepat baginya dan jatuh ke dalam lubang sedalam sekitar 1,82 meter dan tertutup rumput di dalamnya. Dia mencari saya dan setelah beberapa saat dia menyerah. Saya kemudian berjuang keluar dari lubang dan melalui jalan lain kembali ke desa. Saya melaporkan kejadian itu kepada para tetua di kompleks perumahan tetapi tidak ada tindakan yang diambil – nasib umum anak yatim piatu.

(Catatan Sejarah: 50 kobo di Nigeria tahun 1970-an setara dengan setengah dari satu naira – kurang dari sepuluh sen dolar AS saat ini – menunjukkan skala kemiskinan pada era tersebut.)

Kejadian ini menumbuhkan kebencian yang mendalam di hati mudaku; tak seorang pun mencintaiku, tak seorang pun peduli padaku. Aku merenungkan dalam pikiranku mengapa ada orang yang ingin membunuhku padahal aku tak punya orang tua. Hidup penuh dengan penderitaan. Sekarang aku tahu bahwa Tuhan dalam kasih-Nya menahan iblis agar tidak membujukku untuk bunuh diri.

Saya beralih ke Gereja dan menjadi anggota penuh Gereja Assemblies of God di desa saya (saya masih menjadi anggota), tetapi sayangnya tidak ada yang peduli meskipun beberapa anggota mengetahui tentang saya. Penting untuk dicatat bahwa saya menjadi anggota penuh gereja tanpa mengenal Yesus Kristus. Saya tidak pernah tahu apa artinya DILAHIRKAN KEMBALI. Jika Anda berada di Gereja Yesus Kristus dan mendapati diri Anda dalam situasi seperti yang saya alami, serahkan hidup Anda kepada Tuhan Yesus Kristus. Kitab Suci berkata: "Biarlah Dia memikul segala kekhawatiran dan bebanmu, sebab Ia senantiasa memikirkan kamu dan memperhatikan segala sesuatu yang menyangkut kamu" (1 Petrus 5: 7 – Living New Testament).

(Catatan Doktrinal: Keanggotaan gereja bukanlah keselamatan. Keselamatan adalah kelahiran kembali pribadi melalui iman kepada Kristus – Yohanes 3: 3-7.)

Di tengah semua kesulitan dan penderitaan ini, ALICE muncul! Alice adalah seorang gadis yang kukenal sejak sekolah dasar. Dia lima tahun lebih tua dan berasal dari desa yang sama. Kami berada di kelas yang sama, duduk di bangku yang sama, dan menjadi sangat akrab. Dengan 'kisah cinta' masa kecil ini, kami berjanji untuk 'menikah' ketika kami sudah tua. Konyol! Seorang anak berusia 11 tahun saat itu, tanpa orang tua, tanpa pendidikan, tanpa makanan, berjanji untuk menikah dengan seorang gadis yang lima tahun lebih tua darinya! Alice kemudian pergi ke Akure untuk pendidikan menengahnya dan mengirimiku lusinan surat 'cinta'.

Pertemuan saya berikutnya dengan Alice terjadi saat saya berusia 15 tahun dan dia 20 tahun. Dia telah menyelesaikan pendidikan sekolah menengahnya dan bekerja di Standard Bank Lagos (sekarang First Bank), tempat orang tuanya tinggal.

Alice, yang mengetahui latar belakang dan kesulitan saya, memanfaatkannya. Dia menyuruh saya bergabung dengannya di Lagos dan memberi saya alamat rumahnya beserta N50 (Naira: Mata Uang Nasional Nigeria)! Itu adalah kekayaan bagi seorang anak laki-laki berusia 15 tahun yang belum pernah menghasilkan lebih dari N2 sehari! Ini adalah rezeki dari surga dan ini berarti Lagos pasti tempat yang indah dengan banyak uang dan hal-hal baik dalam hidup untuk dinikmati semua orang. Maka saya harus pergi ke Lagos untuk mencari uang sendiri dan menjadi kaya juga. Pergi ke Lagos menurut saya adalah satu-satunya jalan keluar. Melarikan diri dari musuh ayah saya, melarikan diri dari musuh-musuh saya, melarikan diri dari kelaparan dan SEMUA masalah saya. Melarikan diri! Melarikan diri! Ya, melarikan diri dari semua kejahatan!!!

(Refleksi Editor: "Melarikan diri" menjadi tema spiritual di sepanjang kesaksian ini — seruan umat manusia untuk melarikan diri dari penderitaan, hanya untuk menemukan bahwa kebebasan tanpa Kristus justru membawa pada perbudakan yang lebih dalam. Pelarian sejati hanya ditemukan di dalam Yesus Kristus.)

Kunci Pembebasan dari Bab 1

- Rencana Tuhan untuk hidupmu tetap berlaku bahkan di tengah tragedi.
- Kepahitan membuka pintu menuju perbudakan; pengampunan membuka pintu menuju kebebasan.
- Menghadiri gereja tanpa kelahiran kembali tidak memberikan perlindungan.

- Setiap upaya untuk "melarikan diri" di luar Kristus menjadi jebakan musuh.

Doa Refleksi

Tuhan Yesus, terima kasih karena Engkau tidak pernah meninggalkanku bahkan dalam penderitaan. Aku menyerahkan setiap rasa sakit yang tersembunyi, setiap ketakutan, dan setiap upaya untuk melarikan diri tanpa Engkau. Bebaskan aku dari setiap kutukan turun-temurun dan tuntun aku menuju tujuan-Mu. Amin.

Bab 2 – Inisiasi

(Edisi Lengkap 2025 — anotasi singkat)

«Ada jalan yang kelihatannya benar bagi seseorang, tetapi akhirnya jalan itu menuju kematian.» Amsal 14:12
«Tetapi orang fasik seperti laut yang bergejolak, yang airnya memuntahkan lumpur dan kotoran. Tidak ada damai sejahtera, firman Allahku kepada orang fasik.» Yesaya 57:20-21

(Penjelasan: Ayat-ayat ini menjadi kerangka pasal ini—apa yang tampak seperti "pertolongan" dan "kebebasan" di luar Kristus adalah jalan menuju perbudakan dan keresahan. Lihat Yohanes 8:44; Yohanes 10:10.)

Dan kehidupan di luar Yesus Kristus persis seperti yang dinyatakan dalam Kitab Suci di atas. Aku meninggalkan desaku berbekal N50 dan alamat yang diberikan Alice, melarikan diri menuju kebebasan, kemerdekaan, kenikmatan, dan semua yang menyertainya: tetapi seperti yang akan kalian lihat nanti, itu jauh dari apa yang kubayangkan di hati mudaku. Ketika aku tiba di Lagos, kota itu begitu indah di mataku dan aku membandingkannya dengan Surga, seperti apa pun Surga itu. Aku melihat semua gedung-gedung tinggi dan indah itu dan di setiap wajah aku bisa melihat kebahagiaan (begitu pikirku). Orang-orang tampak sangat sibuk, masing-masing mengurus urusannya sendiri. Aku merasa gembira dan berkata pada diriku sendiri, "Sekarang aku tahu aku bebas!"

(Catatan sejarah: Pada akhir tahun 1970-an, Lagos—yang saat itu merupakan ibu kota Nigeria—menampilkan kemakmuran dan modernitas. Banyak pemuda pedesaan

bermigrasi ke sana, menjadikan kota itu sebagai pusat bagi gereja dan perkumpulan okultisme rahasia.)

Saya tiba di Akintola Road, Victoria Island dan disambut dengan baik oleh Alice dan orang tuanya. Orang tua Alice mengenal saya dan latar belakang saya karena kami berasal dari desa yang sama, tetapi mereka tidak pernah tahu tentang hubungan saya dengan putri mereka. Alice kemudian memperkenalkan saya kepada mereka sebagai pria yang telah 'dipilihnya' untuk dinikahi. Orang tua Alice terkejut, tetapi setelah beberapa diskusi dengannya, mereka setuju dengan syarat bahwa mereka akan membiayai pendidikan saya. Alice menolak tawaran mereka dan meminta agar saya diizinkan tinggal bersamanya di apartemennya sendiri. Orang tua Alice tidak dapat menerima hal ini, tetapi Alice bersikeras. Mereka berdebat hebat selama empat hari dan di bawah pengaruh yang tidak dapat dijelaskan, mereka setuju dan saya pindah ke apartemen Alice.

(Petunjuk untuk membedakan: Tekanan manipulatif + "pengaruh yang tidak dapat dijelaskan" adalah indikator klasik dari kendali spiritual. Lihat Galatia 3:1; 2 Korintus 11:3.)

Alice, seorang gadis yang sangat cantik, mengatakan kepada saya bahwa dia adalah seorang akuntan di Standard Bank dan bahwa dia akan membuat saya kaya dan memberi saya semua yang saya butuhkan dalam hidup ini dan berkata: "Tenang saja dan nikmati hidupmu!" Kesan pertama saya tentang Lagos ternyata benar; beberapa bulan yang lalu saya berada di sebuah gubuk kecil di sebuah desa kecil yang dikelilingi oleh kebencian, kelaparan, dan penderitaan dan sekarang saya tinggal di kota besar, di sebuah apartemen yang lengkap dengan perabotan yang baik bersama seorang 'istri' cantik yang telah berjanji untuk memberi saya semua yang dapat ditawarkan kehidupan. Dia menghujani saya dengan hadiah, uang, pakaian, 'cinta', dll. Saya tidak pernah tahu bahwa dunia dipenuhi dengan ' hal-hal baik' ini . Iblis memang penipu! Kitab Suci dengan tepat mengatakan: "Pencuri datang bukan untuk apa-apa selain untuk mencuri, membunuh, dan menghancurkan. Hanya Anak Manusia (YESUS KRISTUS) yang dapat memberi hidup dan memberikannya dengan lebih banyak" (Yohanes 10:10). Pembaca yang terhormat, iblis tidak memberikan hadiah cuma-cuma! Apa pun yang dia berikan kepada Anda adalah sebagai imbalan atas jiwa Anda. Keadaan euforia ini hanya berlangsung singkat, karena setelah tiga bulan hal-hal aneh mulai terjadi.

(Hukum rohani: "Karunia" Setan menciptakan hutang (perbudakan). Karunia Yesus menciptakan kebebasan (kasih karunia). Roma 6:23; Efesus 2:8-9.)

Pengalaman Misterius

Suatu malam, aku terbangun di tengah malam dan menemukan seekor ular boa di sampingku. Aku ingin berteriak tetapi tidak bisa. Beberapa malam, aku terbangun dan melihat tubuh Alice setransparan kantong plastik. Beberapa malam, dia menghilang dan muncul kembali. Beberapa malam aku mendengar suara-suara aneh atau tarian di ruang tamu, dan sebagainya. Aku tidak tahan lagi dengan kejadian-kejadian menakutkan ini, jadi aku memutuskan untuk bertanya padanya, dan reaksi pertama adalah kekerasan dan peringatan serius. Dia berkata:

"Jangan tanyakan pertanyaan ini lagi padaku, kalau tidak aku akan menghajarmu."

(Manifestasi: Kelumpuhan, ilusi perubahan bentuk, dan aktivitas poltergeist umum terjadi dalam penindasan setan. Lukas 4:33–36; Markus 9:17–27.)

Sejak saat itu aku tahu hidupku dalam bahaya. Aku lebih memilih penderitaan di desa daripada apa yang kemudian kutemukan. Aku menjadi takut padanya. Dua hari berlalu dan dia datang dengan senyum, hadiah, dan memelukku. Dia mengatakan betapa dia mencintai dan peduli padaku dan mendorongku untuk tidak takut dan berjanji akan menjelaskan semuanya kepadaku nanti. Dia membawaku ke klub malam dan di sana mengingatkanku tentang janjinya untuk membuatku kaya, dll., dan berkata: "SUATU HARI NANTI KAMU AKAN TAHU SEMUA YANG KUKETAHUI!" Kami kembali dan kehidupan berlanjut seperti biasa di antara kami. Di dalam hatiku aku tahu aku dalam bahaya, tetapi bagaimana aku bisa melarikan diri dan ke mana aku akan melarikan diri? Penting untuk dicatat di sini bahwa orang tua Alice tidak tahu bahwa putri mereka, meskipun masih muda, terlibat serius dalam okultisme dan spiritualisme dan dia dengan serius memperingatkanku untuk tidak pernah memberi tahu mereka jika aku menyayangi hidupku. Pembaca yang budiman, dapatkah Anda bayangkan, seorang gadis berusia 20 tahun melakukan semua hal ini? Dunia luar melihatnya sebagai gadis yang sangat cantik dan tidak berbahaya yang bekerja di sebuah Bank besar, tetapi dia adalah agen iblis. Ada banyak sekali Alice di dunia saat ini, seperti yang akan Anda ketahui nanti di buku ini.

(Peringatan kepada keluarga: Kerahasiaan + ancaman teror ("jangan beri tahu atau akan ada akibatnya") adalah tanda bahaya. Orang tua/wali—tetap waspada secara rohani dan praktis. 1 Petrus 5:8.)

Penemuan Mengerikan

Suatu hari, setelah dia berangkat kerja, saya memutuskan untuk menggeledah apartemennya. Meskipun masih muda, apartemen itu tertata rapi. Dia memiliki empat lemari es dan saat membuka salah satunya, saya melihat tengkorak manusia, berbagai bagian tubuh manusia, baik yang segar maupun kering. Di dalam langit-langit terdapat kerangka. Di sudut lain salah satu ruangan, saya melihat (yang kemudian saya ketahui sebagai 'ruang') sebuah kendi berisi darah dan sebuah pohon kecil di tengah kendi , sebuah labu dan kain merah di sampingnya. Saya tidak bisa melanjutkan. Sekarang saya tahu bahwa saya adalah orang yang sudah mati dan karena saya tidak punya tempat untuk melarikan diri, saya menyerahkan hidup saya kepada apa pun yang datang, hidup atau mati, dan tetap bungkam. Alice pulang dari kerja dan dari cara dia memandang saya, saya tahu bahwa di kantornya dia tahu apa yang saya lakukan di rumah.

(Teknik okultisme: "Bejana darah dengan pohon hidup" = altar untuk memberi makan/memperbarui perjanjian. Labu/kain merah = wadah/meterai ritual. Yehezkiel 8; Mazmur 16:4.)

Perjumpaan dengan Dunia Okultisme

Keesokan harinya dia meminta saya untuk mengikutinya ke sebuah pertemuan. Saya sudah menjadi tawanan dan tidak punya pilihan. Kami pergi ke sebuah gedung yang sangat besar di pinggiran Lagos. Setibanya di sana (gedung itu memiliki aula konferensi bawah tanah), Alice menginstruksikan saya untuk masuk dengan membelakangi. Saya menurut dan masuk dengan membelakangi , dia juga melakukan hal yang sama. Aula itu sangat besar dengan sekitar 500 pemuda dan pemudi yang duduk melingkar, dan di atas mereka duduk seorang pria yang hanya kepalanya saja yang terlihat tanpa tubuh, sebagai Pemimpin. Beberapa dari pemuda ini adalah mahasiswa, sarjana, pascasarjana, guru, dll. Alice menekan sebuah tombol di dinding dan sebuah kursi muncul dari tanah dan saya duduk. Dia melakukan hal yang sama dan kursi lain muncul untuknya dan dia duduk. Dia memperkenalkan saya kepada jemaat sebagai anggota baru dan mereka bertepuk tangan dan menyambut saya. Alice dipromosikan sebagai hasilnya. Semua yang mereka diskusikan dalam pertemuan itu tidak pernah saya mengerti. Pada akhirnya dan saat kami hendak pergi, saya diminta untuk kembali sendirian keesokan harinya oleh Pemimpin. Ini adalah perjumpaan pertama saya dengan dunia okultisme.

(Catatan: Masuk dari belakang meniru pembalikan—pembalikan yang disengaja dari tatanan ilahi. Yesaya 5:20; 2 Tesalonika 2:9–10.)

Malam itu juga, pukul 2.00 pagi (dan ini adalah jam biasa untuk pertemuan dan operasi berbahaya oleh semua kekuatan kegelapan dan agen-agen mereka), Alice membangunkan saya dan mengungkapkan beberapa hal kepada saya. Dia berkata: "Aku bukan manusia biasa. Aku setengah manusia dan setengah roh, tetapi sebagian besar adalah roh.
Apa yang kau lihat di kamarku adalah apa yang kugunakan selama doaku setiap pagi, agar roh-roh itu membimbingku

sepanjang hari. Adapun kerangka-kerangka itu akan kuceritakan nanti."

(Waktu: Pukul 12–3 pagi sering menjadi sasaran aktivitas okultisme. Orang percaya menangkalnya dengan doa yang penuh kewaspadaan—Lukas 6:12; Kisah Para Rasul 16:25.)

Aku tidak mengucapkan sepatah kata pun. Dia mengeluarkan beberapa buku tentang misteri dunia untuk kubaca, dan dengan rasa ingin tahuku, aku memutuskan untuk membacanya. Tak lama kemudian aku menjadi tertarik dan dia langsung menyadari bahwa aku sekarang tertarik. Tanpa sepengetahuanku, dia mengirimkan namaku ke sebuah perkumpulan okultisme di India. Seperti yang telah diinstruksikan sebelumnya, keesokan harinya aku kembali ke perkumpulan itu sendirian dan di sana bertemu dengan sembilan orang lainnya dan beberapa saksi. Kami akan diinisiasi. Kami dipanggil ke tengah aula dan hal-hal berikut diberikan kepada kami:

1. Ramuan yang tampak seperti dempul dioleskan ke tubuh kami. Ini menjadikan Anda anggota penuh.
2. Kami diberi segelas kecil cairan seperti minyak untuk diminum. Ini membuat Anda memenuhi syarat untuk menjadi agen.
3. Zat seperti bubuk mesiu digosokkan di kepala kami. Ini membuatmu memenuhi syarat untuk mempelajari misteri mereka.

   Tanpa sepengetahuanku, upacara inisiasi ini direkam di India dan keesokan harinya aku menerima surat dari mereka. Dalam surat itu aku diperintahkan untuk menodai surat itu dengan darahku sendiri dan mengirimkannya kembali kepada mereka melalui cara yang mereka jelaskan, bukan melalui Kantor Pos. Aku melakukannya. Sejak saat itu, tidak ada jalan kembali; kembali berarti kematian seperti yang selalu diingatkan dan aku tahu tidak ada harapan lagi bagiku.

(Hukum rohani: Dokumen yang ditandatangani dengan darah bertindak sebagai tuntutan hukum dalam roh. Hanya darah Yesus yang membatalkan tuntutan tersebut. Kolose 2:14-15; Ibrani 9:14.)

Perjanjian dengan Alice
Suatu pagi buta, dia memberitahuku bahwa ada upacara penting yang akan dilakukan di rumah. Pukul 2.00 pagi dia membawa seorang anak kecil yang merangkak, seorang perempuan, masih hidup. Di depan mataku, Alice menggunakan jarinya dan mencabut mata anak itu. Tangisan anak itu menghancurkan hatiku. Kemudian dia menyembelih anak itu menjadi beberapa bagian dan menuangkan darah dan dagingnya ke dalam nampan dan memintaku untuk memakannya. Aku menolak. Dia menatapku lurus dan apa yang keluar dari matanya tidak dapat dijelaskan dengan tulisan. Sebelum aku menyadari apa yang terjadi, aku tidak hanya mengunyah daging tetapi juga menjilat darahnya. Saat itu terjadi, dia berkata: "Ini adalah perjanjian antara kita, kau tidak akan pernah mengatakan apa pun yang kau lihat aku lakukan atau apa pun tentangku kepada manusia mana pun di bumi. Hari kau melanggar perjanjian ini, kau sendiri akan binasa." Artinya, hari aku melanggar perjanjian ini, aku akan dibunuh.

(Pelayanan pastoral: Bagian ini traumatis. Jika Anda membaca dan merasa terkejut atau berduka, berhentilah

sejenak dan berdoalah Mazmur 91; Filipi 4:7. Trauma akan sirna oleh damai sejahtera Kristus.)

Setelah kejadian ini, saya mulai merasakan perasaan aneh di dalam diri saya. Saya berubah dan tidak lagi bisa mengendalikan diri. Sebuah peringatan untuk para ibu. Apakah Anda mengenal asisten rumah tangga Anda? Seperti apa latar belakangnya? Apakah Anda peduli untuk mencari tahu semua tentang dia sebelum mempercayakan nyawa anak-anak Anda kepadanya? Bagaimana Alice mendapatkan anak kecil yang dia bunuh, mungkin Anda bertanya. Oleh karena itu, para orang tua, ketahuilah latar belakang asisten rumah tangga Anda.

(Catatan penggembalaan: Periksa pengasuh hewan peliharaan; jaga akuntabilitas; doakan rumah Anda setiap hari. Ayub 1:5; Mazmur 127:1.)

Ketika Alice melihat bahwa dia telah berhasil membuatku sepenuhnya terlibat dalam spiritualisme dan aku berkembang pesat di dalamnya, dia merasa puas dan tahu misinya telah tercapai. Dia mencarikanku sebuah apartemen, membantu melengkapinya dengan perabotan, dan setelah itu memutuskan hubungan.

(Taktik: Setelah ikatan terjalin, para penangan sering kali "melepaskan" rekrutan untuk memperluas jaringan pengaruh di tempat lain.)

Perjanjian di India.
Perkumpulan di Delhi, India, mengirimkan surat kedua kepada saya, meminta saya untuk datang ke India. Di dalamnya juga saya diinstruksikan untuk melakukan hal-hal berikut: “Makan kotoran, makan tikus busuk yang berbau,

dan berhubungan seksual dengan roh di kuburan pada malam hari." Setelah memenuhi hal-hal di atas, saya terikat untuk tidak pernah berhubungan seksual dengan wanita mana pun di bumi. Saya membalas surat mereka dan memberi tahu mereka bahwa saya tidak memiliki visa dan saya juga tidak tahu bagaimana cara pergi ke India. Pada saat itu saya telah memulai 'bisnis'. Saya adalah penyelundup yang serius, tetapi karena kekuatan di belakang saya, saya tidak mengalami masalah dengan bea cukai, dll.

(Ritual perendahan: Perjanjian setan seringkali membutuhkan tindakan penodaan untuk merusak citra Allah dalam diri manusia dan memutuskan kasih sayang alami. Roma 1:24–28.)

Saya mulai memiliki banyak uang, makanan dan bahan makanan tidak lagi langka. Suatu hari, saya mengunci flat saya dan keluar; ketika kembali, saya membuka pintu dan melihat seorang pria duduk di ruang tamu. Saya takut. Dia berkata: "Bukankah Anda Emmanuel Amos?" Saya menjawab, "Ya, saya Emmanuel Amos." Dia berkata: "Saya telah diutus untuk menjemput Anda ke India, jadi bersiaplah." Saya mengunci semua pintu, pergi dan duduk di sampingnya di atas bantal, siap untuk perintah selanjutnya. Tetapi seperti kilat, dia menyentuh saya dan kami menghilang.

Tempat berikutnya yang saya lihat adalah di sebuah aula konferensi besar di Delhi, India, dengan jemaat besar yang sudah duduk dan menunggu untuk menyambut kami. Mereka mengeluarkan berkas-berkas di mana nama saya sudah tertulis dan meminta saya untuk menandatanganinya. Saya melakukannya. Sebuah nampan berisi daging manusia, dipotong-potong dengan baskom berisi darah, dibawa. Sebuah kendi kosong diberikan kepada setiap orang, kemudian seorang pria tanpa kepala berkeliling menuangkan darah dan daging ke dalam kendi-kendi tersebut. Berbagai lilin dan dupa juga dibakar. Pria tanpa kepala itu mengucapkan beberapa mantra dan semua orang meminum darah dan memakan daging, lalu pertemuan pun berakhir.

(Catatan: Perjamuan Kudus palsu—ritual darah/daging meniru Perjamuan Tuhan, mengikat para penyembah pada "meja" setan. 1 Korintus 10:20–21.)

Inisiasi di India
Sekarang masa ujianku telah tiba. Aku dikirim ke sebuah lembah sedalam sekitar 200 meter . Di dalamnya terdapat berbagai reptil berbahaya dan binatang buas. Mereka akan menyiksaku. Aku tidak boleh berteriak, karena jika aku berteriak, aku akan gagal ujian dan konsekuensinya adalah KEMATIAN. Setelah tujuh hari menderita, aku dibawa keluar dan dikirim ke tempat yang disebut 'HUTAN INDIA'. Di hutan ini, aku melihat berbagai jenis burung iblis; iblis karena beberapa memiliki wajah seperti anjing, beberapa seperti kucing, dll. Namun dengan sayap. Di dalam hutan ini ada sebuah gua, dan gua ini hanya dapat dibuka oleh burung-burung iblis ini. Mereka membuka gua dan aku masuk ke dalamnya. Hal-hal yang kulihat sulit dijelaskan. Ada makhluk-makhluk mengerikan, beberapa tampak seperti manusia tetapi dengan ekor dan tanpa wajah manusia, dll. Ini adalah tempat penyiksaan lain. Penyiksaan di sana paling tepat digambarkan sebagai setengah neraka. Aku berada dalam keadaan itu selama 7 hari dan kemudian dibawa keluar. Aku kemudian dikirim ke perpustakaan yang sangat besar yang berisi banyak buku mistik untuk dipelajari. Kemudian saya mengambil dua buku: Abbysinia ,

yang berarti kehancuran, dan Assina , yang berarti memberi kehidupan atau menyembuhkan. Kemudian saya diberi lebih banyak buku. Saya diperintahkan untuk membangun sebuah ruangan segera setelah saya kembali ke Nigeria dengan barang-barang berikut di dalamnya: "Sebuah kendi air asli yang diisi dengan darah manusia, sebuah pohon hidup di dalamnya, sebuah tengkorak manusia, bulu burung nasar, kulit binatang liar, kulit ular boa, dan batu laterit besar yang mengkilap di samping kendi." Darah di dalam kendi air itu harus diminum setiap pagi dengan mantra. Saya juga diperintahkan untuk tidak pernah makan makanan yang dimasak oleh MANUSIA, tetapi saya akan diberi makan secara supranatural. Dengan semua instruksi ini, saya kembali ke Nigeria dengan cara yang sama seperti saat saya pergi, dan memenuhi semuanya.

(Pengamatan: Perpustakaan pengetahuan okultisme = sistem pemuridan untuk kegelapan. Penawar Allah adalah Firman dan Roh (Ibrani 4:12; Yohanes 16:13).)

Sekembalinya ke Nigeria,
aku telah menjadi bagian tak terpisahkan dari dunia roh dan dapat bepergian sesuka hati ke bagian mana pun di dunia. Menurut buku-buku yang kubawa, makhluk roh hidup di angkasa. Mungkin mereka akan meningkatkan kekuatanku, jadi aku memutuskan untuk mencobanya. Aku keluar dari rumah, mengucapkan beberapa mantra, memanggil angin puting beliung, dan menghilang. Aku mendapati diriku di angkasa dan melihat makhluk-makhluk roh ini. "Apa yang kau inginkan?" tanya mereka; aku mengatakan bahwa aku menginginkan kekuatan. Aku kembali ke bumi setelah dua minggu setelah memperoleh kekuatan dari mereka. Seperti yang kukatakan sebelumnya, aku tidak lagi bisa mengendalikan diriku sendiri. Terlepas

dari semua kekuatan yang telah kuterima, aku masih membutuhkan lebih banyak kekuatan lagi! Kemudian aku memutuskan untuk pergi ke dunia bawah untuk membuktikan apa yang tertulis dalam buku-buku yang diberikan kepadaku. Suatu hari aku pergi ke tempat tersembunyi di semak-semak, mengucapkan beberapa mantra seperti yang tertulis dalam buku-buku itu dan memerintahkan tanah untuk terbuka. Tanah terbuka dan para iblis segera menciptakan tangga. Aku melangkah masuk dan langsung masuk ke dalam tanah. Ada kegelapan total yang hanya dapat dibandingkan dengan salah satu wabah yang terjadi di Mesir seperti yang tercatat dalam Alkitab. Saya melihat banyak hal yang sulit dijelaskan. Saya melihat orang-orang dirantai, orang-orang yang dimanfaatkan untuk menghasilkan uang - tugas mereka adalah bekerja siang dan malam untuk menyediakan uang bagi para penculik mereka. Saya melihat beberapa anggota masyarakat elit yang datang untuk melakukan pengorbanan dan akan kembali ke dunia dengan beberapa karunia yang diberikan kepada mereka oleh roh-roh yang mengendalikan tempat itu. Saya melihat beberapa pemimpin gereja yang datang untuk mendapatkan kekuatan, kekuatan untuk mengatakan sesuatu yang diterima tanpa dipertanyakan di gereja. Saya tinggal selama dua minggu dan kembali setelah menerima lebih banyak kekuatan. Orang-orang melihat saya sebagai orang muda dan polos tetapi tidak pernah tahu bahwa saya berbahaya. Ada banyak orang seperti itu di sekitar kita; hanya mereka yang berada di dalam Kristus Yesus yang aman dalam arti keamanan yang sebenarnya.

(Kebenaran yang menyadarkan: Bahkan para pemimpin agama pun dapat tergoda oleh kekuasaan. Ciri sejati

hamba Allah adalah kerendahan hati, kekudusan, dan buah Roh. Matius 7:15-23.)

Perjanjian dengan Ratu Pesisir

Suatu malam, saya memutuskan untuk berjalan-jalan. Di halte bus Ebute Metta, saya melihat seorang wanita muda cantik berdiri. Saya tidak pernah berbicara sepatah kata pun kepadanya. Keesokan harinya, saat lewat, saya melihatnya masih di tempat yang sama. Hari ketiga, saya melihatnya masih di tempat yang sama dan saat lewat dia memanggil saya. Saya berhenti dan memperkenalkan diri kepadanya sebagai Emmanuel Amos, tetapi dia menolak untuk memperkenalkan diri. Saya menanyakan nama dan alamatnya, tetapi dia hanya tertawa. Dia menanyakan nama saya dan saya hanya menyebutkan nama jalannya saja. Ketika saya hendak pergi, dia berkata akan mengunjungi saya suatu hari nanti. Dalam hati saya berkata, itu tidak mungkin, saya tidak memberikan nomor rumah saya, bagaimana mungkin dia bisa datang? Tetapi sesuai dengan kata-katanya, saya mendengar ketukan di pintu saya seminggu setelah pertemuan di halte bus itu. Di sana dia, wanita misterius itu! Saya menyambutnya dalam hati. (Saya bertanya-tanya siapa wanita cantik ini, dan apakah dia tahu dia sedang berada di wilayah yang berbahaya?) Saya menjamunya dan dia pergi. Setelah kunjungan pertama ini, kunjungannya menjadi rutin tanpa ada hubungan lebih lanjut. Saya perhatikan bahwa dalam setiap kunjungannya, dia selalu datang tepat waktu, tidak semenit pun lebih awal atau lebih lambat! Dalam beberapa kunjungannya, saya akan membawanya ke Lagos Barbeach , atau ke Paramount Hotel atau Ambassador Hotel, dan lain-lain. Selama itu , dia masih belum memberitahu saya namanya. Saya memutuskan untuk tidak khawatir karena saya tahu hubungan itu tidak akan berkembang lebih dari

itu. Saya sudah diberi instruksi untuk tidak pernah menyentuh wanita.
Tiba-tiba dia mengubah kunjungan siang hari menjadi malam hari. Selama salah satu kunjungan, dia berkata kepada saya: "Sekarang giliranmu untuk mengunjungiku." Kami menginap bersama malam itu dan pukul 8.00 pagi keesokan harinya kami berangkat. Kami naik bus dan dia meminta sopir untuk berhenti di Barbeach . Saat kami berhenti, saya bertanya kepadanya: "Kita mau ke mana?" Dia berkata: "Jangan khawatir, kamu akan pergi ke rumahku." Dia membawaku ke sudut pantai , menggunakan sesuatu seperti ikat pinggang dan mengikatkannya di sekitar kami, dan tiba-tiba sebuah kekuatan datang dari belakang dan mendorong kami ke laut. Kami mulai terlempar di permukaan air dan langsung menuju samudra. Pembaca yang budiman, ini terjadi dalam wujud fisikku! Pada suatu titik kami tenggelam ke dasar laut dan yang mengejutkan, aku melihat kami berjalan di sepanjang jalan raya. Kami memasuki kota dengan banyak orang yang sangat sibuk.

(Catatan ranah maritim: Kesaksian di berbagai wilayah menggambarkan kota-kota bawah laut yang terorganisir dan perjanjian-perjanjian. Kitab Suci mengakui kekuasaan teritorial (Yehezkiel 29:3; Markus 5:10).)

Dunia Roh
yang saya lihat meliputi laboratorium, seperti laboratorium sains, laboratorium desain, dan teater. Di bagian belakang kota, saya melihat gadis-gadis muda yang cantik dan pria-pria muda yang tampan. Tidak ada orang tua. Dia memperkenalkan saya kepada mereka dan saya disambut dengan baik. Dia membawa saya ke tempat-tempat seperti "kamar gelap", "ruang pengeringan", dan "ruang

pengemasan". Kemudian dia membawa saya ke pabrik dan gudang utama, lalu datang ke rumah besarnya. Di sana dia mendudukkan saya dan berkata: "Saya adalah ratu pantai dan sangat ingin bekerja sama dengan Anda. Saya berjanji akan memberi Anda kekayaan dan semua yang menyertainya, perlindungan dan semua yang menyertainya, kehidupan dan 'malaikat' untuk membimbing Anda." Dia menekan sebuah tombol dan sebuah nampan keluar berisi daging manusia (dalam potongan-potongan) dan kami makan bersama. Dia memerintahkan seekor boa untuk muncul dan meminta saya untuk menelannya. Saya tidak bisa. Dia bersikeras tetapi saya tidak bisa, bagaimana mungkin saya bisa menelan boa hidup. Kemudian dia menggunakan kekuatannya dan saya menelannya. Ada tiga perjanjian: Manusia, ular boa, dan malaikat iblis selalu ada untuk memastikan tidak ada rahasia yang terungkap. Tetapi 'malaikat' itu diberi kuasa untuk mendisiplinkan saya jika saya tersesat dan juga untuk membawakan saya makanan dari laut setiap kali saya berada di bumi. Saya berjanji untuk selalu menaatinya. Setelah janji ini, dia membawa saya ke bagian lain dari lautan, kali ini ke sebuah pulau. Di sana ada pepohonan dan setiap pepohonan ini memiliki tugas yang berbeda:

- pohon untuk diracuni, - pohon untuk dibunuh, - pohon untuk memanggil, dan - pohon untuk penyembuhan. Dia memberiku kekuatan untuk berubah menjadi berbagai macam hewan laut seperti kuda nil, ular boa, dan buaya, lalu dia menghilang. Aku tinggal di laut selama seminggu dan melalui salah satu cara (sebagai buaya) yang disebutkan di atas, aku kembali ke dunia.

(Catatan: "Malaikat" palsu menegakkan perjanjian (2 Korintus 11:14). Malaikat Kristus melayani keselamatan dan perlindungan, bukan perbudakan (Ibrani 1:14).)

Laboratorium Dunia Bawah

Saya tinggal di Lagos selama seminggu dan kembali ke laut, kali ini selama dua bulan. Saya pergi ke laboratorium ilmiah untuk melihat apa yang terjadi. Saya melihat psikiater dan ilmuwan semuanya bekerja dengan sangat serius. Pekerjaan para ilmuwan ini adalah merancang hal-hal indah seperti mobil mewah, senjata terbaru, dan untuk mengetahui misteri dunia ini. Jika mungkin untuk mengetahui pilar dunia, mereka pasti sudah mengetahuinya, tetapi syukurlah, HANYA TUHAN YANG TAHU.

Saya pindah ke ruang desain dan di sana saya melihat banyak sampel kain, parfum, dan berbagai jenis kosmetik. Semua hal ini menurut Lucifer adalah untuk mengalihkan perhatian manusia dari Tuhan Yang Mahakuasa. Saya juga melihat berbagai desain elektronik, komputer, dan alarm. Ada juga TV yang darinya mereka mengetahui siapa saja yang merupakan orang Kristen yang lahir baru di dunia. Di sana Anda dapat melihat dan membedakan antara mereka yang pergi ke gereja dan mereka yang benar-benar Kristen. Kemudian saya pindah dari laboratorium ke 'ruang gelap' dan 'ruang pengeringan'. Ruang gelap adalah tempat mereka membunuh anggota yang tidak taat. Mereka membunuh dengan terlebih dahulu menguras darah seseorang, lalu mengirim orang tersebut ke ruang mesin tempat ia akan digiling menjadi bubuk, kemudian mengirim debu tersebut ke 'ruang karung' tempat mereka akan dikemas dan disimpan agar para dukun dapat mengumpulkannya untuk jimat mereka. Ada banyak hal lain yang sulit dijelaskan secara tertulis. Terlepas dari semua kekuatan yang ada dalam diriku, aku belum memenuhi syarat untuk bertemu dengan Lucifer, melainkan hanya memenuhi syarat untuk menjadi agennya. Meskipun demikian, aku merasa puas karena sekarang aku memiliki kekuatan dan dapat menghadapi, menantang, dan menghancurkan segala sesuatu sesuka hati. Mungkinkah ada kekuatan lain di mana pun, pikirku dalam hati.

***(Catatan akhir untuk bab ini: Obsesi akan "kekuasaan yang lebih besar" adalah lingkaran setan yang tak berujung dalam kegelapan. Hanya penyerahan diri kepada Kristus yang dapat memutus siklus tersebut.** Matius 11:28–30.)*

Kunci Pembebasan dari Bab 2

- Tawaran dari neraka meningkat dari *bantuan* menjadi *kengerian* ; harga yang harus dibayar selalu darah.
- Perjanjian tertulis/darah dan upacara inisiasi adalah **gerbang hukum** —tetapi salib Kristus menghapus catatan yang memberatkan kita (Kol 2:14–15).
- Struktur dunia bawah laut/neraka memang nyata dalam peperangan rohani, namun **setiap nama tunduk kepada Yesus** (Filipi 2:9-11).
- Bimbingan bagi keluarga: kerahasiaan, intimidasi, kekayaan mendadak, dan ritual malam hari adalah tanda-tanda bahaya— **angkat perisai doa** dan carilah nasihat bijak.

Doa Pelepasan dan Perlindungan

Tuhan Yesus Kristus, aku menolak setiap perjanjian, sumpah, atau inisiasi yang kubuat atau yang kulakukan atas namaku dengan kegelapan. Dengan darah-Mu, hapuskan setiap tulisan yang menentangku. Aku memutuskan ikatan dengan alam laut, dunia bawah, dan alam astral. Aku menerima Roh pengadopsian-Mu, damai sejahtera-Mu, dan perlindungan-Mu atas diriku dan keluargaku. Dalam nama-Mu aku menutup setiap pintu gerbang iblis dan membuka hidupku hanya kepada kekuasaan-Mu. Amin.

Bab 3: Pemerintahan Jahat

(Narasi asli oleh Pendeta Emmanuel Amos Eni • Komentar singkat oleh Duta Besar Monday O. Ogbe)

"Pencuri datang bukan untuk tujuan lain, melainkan untuk mencuri, membunuh, dan menghancurkan. Aku datang supaya mereka mempunyai hidup, dan mempunyai hidup yang lebih melimpah." — **Yohanes 10:10**

(Pemahaman: Setiap tindakan yang dijelaskan di sini mencerminkan ayat tersebut— pola setan adalah pencurian, kematian, dan kehancuran; misi tandingan Kristus adalah kehidupan yang berkelimpahan.)

Tugas Pertama — Darah untuk Darah

Sekembalinya ke Lagos, saya melanjutkan bisnis saya dan setelah dua minggu saya kembali ke laut. Ratu Pantai memberi saya apa yang disebutnya sebagai "tugas pertama". Saya harus pergi ke desa saya dan membunuh paman saya, seorang dukun berpengaruh yang menurutnya bertanggung jawab atas kematian orang tua saya.

Aku menurut dan pergi, tetapi karena belum pernah membunuh sebelumnya, aku tidak berani membunuhnya, malah aku menghancurkan obat-obatannya dan membuatnya tak berdaya. Akibat perbuatan ini , dia kehilangan semua pelanggannya hingga saat ini. Aku kembali untuk memberikan tugas laporan, tetapi dia sangat marah padaku. Dia berkata konsekuensi dari tidak mematuhi instruksinya adalah kematian, tetapi karena cintanya padaku, dia akan mengirimku kembali ke desa yang sama untuk membunuh dua tetua yang katanya membantu pembunuhan orang tuaku. Apakah ini hukuman karena tidak mematuhinya atau tidak, aku tidak tahu.

Namun, saya menuruti perintah mereka dan kembali ke desa, lalu 'berhasil' membunuh orang-orang itu dan mengirimkan darah mereka kepadanya.

(Komentar: Musuh selalu meningkatkan dosa—sekali Anda menyerah, dia menuntut lebih banyak. Roma 6:16 .)

Akibat dari keadaan kematian mereka yang misterius, para tetua di desa pergi untuk bertanya kepada seorang dukun tradisional ampuh lainnya yang biasanya mengirim petir untuk menyelidiki pembunuhnya. Sayangnya bagi orang-orang ini, saya bertemu dengan dukun tradisional itu dalam wujud roh di mana dia sedang berkonsultasi dengan roh-roh dan memperingatkannya untuk tidak mengatakan apa pun jika dia menyayangi nyawanya. Dia keluar dan menyuruh para tetua untuk pulang dan memohon maaf kepada salah satu putra mereka yang telah mereka sakiti dan tidak pernah menyebut nama saya. Petir yang dikirimnya kembali dan menyambar di tengah-tengah mereka, membunuh beberapa orang dan melukai banyak lainnya.

Setelah tindakan pertama ini, kekuatan dalam diriku mulai bermanifestasi. Aku akan mengubah bentuk seorang gadis karena menolak persahabatanku, dan sebagainya.

(Refleksi: Setiap "kuasa" di luar Kristus menjadi kejahatan yang tak terkendali; lihat Lukas 9:55 .)

Pertemuanku dengan Setan

Saya kemudian kembali ke Lagos. Suatu hari, seorang gadis bernama **NINA** datang kepada saya. NINA, yang orang tuanya berasal dari Negara Bagian Anambra, adalah seorang gadis muda yang sangat cantik tetapi sebagian besar tinggal di laut, yaitu dunia roh bawah laut. Dia adalah agen setia Ratu Pantai dan sangat jahat. Dia sangat membenci orang Kristen dan akan melakukan segala cara untuk melawan Kekristenan. Saya pertama kali bertemu dengannya selama kunjungan saya ke laut. NINA datang untuk menjalankan tugas dari Ratu Pantai.

Kami segera berangkat dan setibanya di sana saya mengetahui bahwa kami akan mengadakan konferensi dengan **Lucifer** .

Dalam pertemuan ini, Setan memberi kita instruksi berikut: untuk memerangi orang-orang beriman dan bukan orang-orang kafir, karena orang-orang kafir sudah menjadi miliknya.

Ketika dia mengatakan ini, salah satu dari kami bertanya: "Mengapa?" Dia mengatakan alasannya adalah karena Tuhan mengusirnya dari "tempat itu" (dia menolak menyebut kata itu *Surga* dan sepanjang pertemuan kami dengannya dia tidak pernah menyebut kata *Surga*). Sebaliknya, dia selalu menggunakan kata *tempat itu* karena kebencian.

Dia mengatakan bahwa dia diusir karena kesombongan dan karena itu dia tidak ingin ada orang Kristen yang sampai ke sana (Surga).

Dia juga mengatakan kepada kami bahwa kami tidak boleh melawan orang-orang munafik. “Mereka seperti saya,” katanya. Dia melanjutkan: “Kita hanya boleh melawan orang-orang Kristen sejati. Waktu saya sudah dekat, oleh karena itu kita harus berjuang lebih dari sebelumnya dan memastikan tidak ada seorang pun yang memasuki tempat itu.”

(Catatan: Neraka takut pada murid sejati, bukan orang percaya nominal — Yakobus 2:19 ; Kisah Para Rasul 19:15.)

Lalu salah seorang dari kami berkata kepadanya: “Kami mendengar bahwa Tuhan telah mengutus seseorang untuk menyelamatkan umat manusia kembali kepada Tuhan.” Kemudian Setan bertanya: “Siapakah itu?” Salah seorang anggota menjawab “Yesus”, dan yang mengejutkan kami, **Lucifer jatuh dari tempat duduknya.**

Dia membentak pria itu dan memperingatkannya agar jangan pernah menyebut nama itu dalam pertemuan kami jika dia menyayangi nyawanya.

“Memang benar,” tulis Emmanuel, “bahwa di dalam Nama Yesus setiap lutut harus berlutut (Filipi 2:10), termasuk Setan.”

Setelah kejadian ini, dia menyemangati kami dan mengatakan kepada kami untuk tidak mempedulikan "orang-orang Kristen ini", bahwa Lucifer akan segera datang untuk menguasai dunia dan akan memberi kami, para agennya, tempat yang lebih baik sehingga kami tidak akan menderita bersama seluruh dunia dan dia akan menjadikan kami penguasa.

Ia melanjutkan bahwa karena manusia menyukai hal-hal yang mencolok dan mewah, ia akan terus memproduksi hal-hal tersebut dan memastikan bahwa manusia tidak punya waktu untuk Tuhannya, dan bahwa ia akan menggunakan hal-hal berikut untuk menghancurkan gereja:

1. Uang
2. Kekayaan
3. Wanita

Di akhir pidatonya, ia membubarkan pertemuan tersebut. Ini adalah pertemuan pertama saya dengan Setan. Beberapa pertemuan lainnya menyusul.

(Catatan: Ketiga senjata ini — emas, kemuliaan, dan wanita — masih menghancurkan pelayanan hingga saat ini. Lihat 1 Yohanes 2: 15-17.)

Bala Bantuan Ratu

Saat kami hendak pergi, Ratu Pantai, yang kini muncul dalam berbagai wujud, mengundangku ke rumah besarnya. Ia memasukkan abu manusia beserta benda-benda lain ke dalam tulang kedua kakiku, sebuah batu (bukan batu biasa) ke dalam jariku, dan sesuatu yang lain ke dalam tulang tangan kananku.

Masing-masing dari hal-hal ini memiliki tugasnya masing-masing.

- Batu di jariku itu untuk mengetahui pikiran siapa pun yang menentangku.

- Yang di tangan kananku itu untuk memberiku kekuatan untuk menghancurkan.
- Yang di kaki itu dimaksudkan untuk membuatku lebih tangguh dan berbahaya, serta memungkinkanku berubah menjadi wanita, binatang buas, burung, kucing, dan lain sebagainya.

Dia membawa saya ke salah satu laboratorium dan memberi saya teleskop, TV, dan video — bukan yang biasa — untuk membedakan orang Kristen yang baru bertobat dan orang-orang yang hanya sekadar pergi ke gereja di dalam gereja.

Akhirnya, dia memberi saya enam belas gadis untuk bekerja sebagai agen saya. NINA adalah salah satunya. Saya kembali ke Lagos dengan membawa "hadiah" ini.

(Komentar: Alat-alat pembeda palsu—penyimpangan Setan terhadap karunia pembeda Roh Kudus (1 Kor 12 : 10).)

Berubah Menjadi Agen Setan

Aku tak lagi memiliki perasaan kemanusiaan atau belas kasihan di hatiku. Aku langsung bertindak dan menghancurkan lima rumah duplex sekaligus. Semuanya ambruk ke dalam tanah bersama penghuninya. Kejadian ini terjadi di Lagos pada Agustus 1982. Kontraktor tersebut dianggap bertanggung jawab karena tidak membangun fondasi yang baik dan harus membayar mahal untuk itu.

Banyak kehancuran yang terjadi di dunia saat ini bukanlah ulah manusia. Tugas iblis adalah mencuri, membunuh, dan menghancurkan. Saya ulangi lagi, **Setan tidak memberikan hadiah cuma-cuma.**

(Kebenaran utama: Setiap manfaat yang tampak dari kegelapan berakhir dengan tragedi.)

Menargetkan Orang Beriman

Saya mulai menyebabkan kecelakaan di jalan raya, dll. Sebuah kasus yang ingin saya sebutkan adalah tentang seorang pemuda yang baru bertobat dan bersaksi tentang keselamatan dan pembebasannya. Dia menyebabkan banyak kerusakan di dunia roh karena melakukan hal ini, jadi saya merencanakan kecelakaan untuknya.

Suatu hari ia berada di dalam bus mewah menuju Lagos untuk memberikan kesaksian. Karena bus melaju dengan kecepatan tinggi, saya membelokkannya keluar jalan dan bus menabrak pohon. Semua penumpang meninggal kecuali pemuda yang baru bertobat ini.

Pelariannya sungguh ajaib karena dia keluar dari kendaraan melalui bagasi dan berteriak: "Saya selamat! Saya selamat!" Kami mencoba menghentikannya untuk bersaksi tetapi kami gagal.

(Pelajaran: Kesaksian adalah peperangan — Wahyu 12:11 .)

Melalui TV, kita akan mengenal seseorang yang baru bertobat dan akan mengejarnya dengan serius untuk melihat apakah kita bisa membuatnya murtad. Jika setelah enam bulan kita tidak berhasil, kita akan masuk ke bisnisnya dan membuatnya bangkrut. Jika dia seorang pegawai negeri, kita akan menindasnya melalui atasannya, dan jika memungkinkan membuat atasannya memecatnya. Jika setelah semua itu dia menolak untuk murtad, maka kita akan meninggalkannya. Tetapi jika dia murtad, dia akan dibunuh untuk memastikan dia tidak memiliki kesempatan kedua untuk bertobat.

(Pengingat: Berdiri teguh setelah pertobatan memutus siklus neraka—Efesus 6:13 .)

Ketua Wizards

Aku menghancurkan kehidupan sedemikian rupa sehingga Lucifer sangat senang dan menjadikanku ketua para penyihir.

Sebulan setelah masa jabatan saya sebagai ketua, sebuah pertemuan diadakan. Kami menghadiri pertemuan itu sebagai burung, kucing, dan ular. Makhluk-makhluk ini digunakan karena alasan berikut:

1. Mengubah wujud menjadi burung membuat para penyihir menjadi lebih berbahaya.
2. Dengan mendekati kucing, mereka dapat menjangkau baik roh maupun manusia.
3. Dengan menjelma menjadi tikus, mereka dapat masuk ke dalam rumah dengan mudah, kemudian di malam hari berubah menjadi bayangan, lalu menjadi manusia dan menghisap darah korbannya.

Dalam pertemuan ini, kami hanya memiliki satu agenda: **"Kaum Kristen."**

Kemudian kami menjadwalkan konferensi penyihir Afrika di Benin City pada tahun 1983. Kami mempublikasikannya di semua surat kabar harian dan semua media publik. Semua kekuatan kegelapan dimobilisasi dan kami yakin tidak akan ada yang mengganggu pertemuan ini.

Tiba-tiba, **umat Kristen di Nigeria mulai berdoa dan memuji Tuhan mereka** , dan semua rencana kami hancur. Bukan hanya hancur, tetapi terjadi kekacauan nyata di kerajaan kegelapan.

Akibatnya, konferensi para penyihir tidak dapat diadakan di Nigeria.

Umat Kristen harus menyadari bahwa saat mereka benar-benar memuji Tuhan Yang Mahakuasa, akan ada masalah dan kekacauan baik di laut maupun di udara, dan agen-agen setan tidak akan memiliki tempat untuk beristirahat. Doa itu seperti melempar bom waktu di tengah-tengah kita dan semua orang akan menyelamatkan diri.

Jika orang Kristen menyadari dan menggunakan kuasa dan wewenang yang telah Tuhan berikan kepada mereka, mereka akan mengendalikan urusan bangsa mereka! Hanya orang Kristen yang dapat menyelamatkan bangsa kita.

(Kunci iman: Pujian bersama adalah senjata — 2 Tawarikh 20: 21-22; Kisah Para Rasul 16:25-26.)

Setelah Kegagalan Konferensi

Setelah konferensi yang kemudian diadakan di Afrika Selatan itu gagal, saya dipanggil kembali ke laut. Ketika tiba, saya diberitahu bahwa mulai saat itu saya akan menjadikan laut sebagai rumah saya dan hanya mengunjungi dunia untuk operasi-operasi yang sulit.

Saya diberi tugas baru: menciptakan jimat untuk dukun tradisional, bertanggung jawab atas ruang kendali dan mengirimkan hadiah, yaitu pembukaan gereja-gereja berjubah putih (rumah doa), pembukaan rumah bersalin, pembukaan toko dan membuatnya makmur, memberikan "anak" dan uang.

Hal-hal ini akan dijelaskan satu per satu:

1. Pembukaan Gereja-gereja Pakaian Putih

Ketika seseorang datang kepada kami untuk meminta bantuan membangun rumah doa dan membantunya melakukan penyembuhan, dll., ia akan diberikan beberapa syarat:
a) Ia akan setuju untuk menyumbangkan satu atau dua jiwa kepada kami setiap tahun. b) Pada tingkat jabatan tertentu di gereja, orang tersebut akan diinisiasi menjadi anggota perkumpulan kami. c) Tidak ada anggota yang diizinkan masuk ke rumah doa dengan mengenakan sepatu.

Ketika ia menerima syarat-syarat ini, ia akan diberikan sesuatu seperti kerikil putih, tulang manusia, darah, dan jimat, semuanya dalam sebuah bejana tradisional. Ia akan diperintahkan untuk mengubur bejana tersebut beserta seluruh isinya di depan gereja dan mengubur salib di atasnya. Setelah penguburan, hanya salib yang boleh terlihat.

Ia disarankan untuk membangun kolam atau menyimpan sebuah wadah tempat roh-roh akan terus memasok air khusus. Air inilah yang disebut **"air suci."**

Banyak orang yang diganggu oleh roh jahat pergi ke "nabi-nabi" ini untuk mengusir mereka. Kenyataannya, mereka hanya menambah lebih banyak setan kepada mereka. Setan tidak dapat mengusir setan (Lukas 11: 17-19).

Yang akan dilakukan nabi adalah berdoa dan memberikan kain merah kepada anggota tersebut untuk disimpan di rumah, menasihati mereka untuk berdoa dengan lilin dan dupa—dengan demikian mengundang setan.

Terkadang anggota jemaat diminta membawa seekor kambing untuk dikorbankan. Pengorbanan ini dimaksudkan agar kita datang dan "membantu" menyembuhkan orang tersebut. Nabi tidak memiliki kuasa untuk menyembuhkan.

(Kearifan: Pembebasan di luar Kristus adalah perbudakan. Kisah Para Rasul 19: 13-16.)

2. Pembukaan Rumah Sakit Bersalin

Jika seorang wanita datang kepada kami untuk meminta bantuan dalam membuka rumah bersalin dan membuatnya berkembang, ia akan diberikan syarat ini: *Kami akan memilih satu bulan di mana semua anak yang lahir di rumah bersalin tersebut akan meninggal, tetapi di bulan-bulan lainnya anak-anak tersebut akan hidup.*

Jika dia setuju, dia akan diberi jimat untuk menarik orang ke rumah bersalin. Ada rumah bersalin seperti itu di Onitsha, Lagos, dll.; sepatu tidak diperbolehkan masuk ke dalam.

(Pengingat: Musuh memalsukan keberkahan — tetapi hanya Allah yang memberikan hidup sejati. Mazmur 127: 3.)

3. Pembukaan Toko-Toko Mewah

Ketika seorang pria mendatangi kami untuk meminta bantuan, ia akan diberikan sebuah cincin dengan syarat bahwa tidak ada wanita yang boleh menyentuhnya. Ia juga harus setuju untuk menjadi anggota kami. Jika ia menerima, tokonya akan selalu dipasok dengan bahan-bahan terbaik dan terbaru oleh kami.

(Penipuan: Kemakmuran dengan syarat-syarat tertentu membawa pada penawanan — Amsal 10:22 vs Matius 4:9.)

4. Pemberian Anak

Jika seorang wanita mandul pergi ke dukun, setelah menyampaikan keluhannya, ia akan diminta untuk membawa: seekor ayam jantan putih, seekor kambing, kapur tradisional, dan perlengkapan perawatan bayi.

Ia akan disarankan untuk pergi dan, selama ia tidak ada, dukun setempat akan datang kepada kami membawa barang-barang ini. Kemudian kami akan mencampur beberapa hal, termasuk abu manusia. Ia akan menggunakan jimat ini untuk memasak makanan bagi wanita tersebut.

Ia akan hamil dan melahirkan, tetapi bayinya bukanlah manusia normal. Jika anaknya perempuan, ia akan hidup dan bahkan menikah tetapi tetap mandul seumur hidupnya. Jika laki-laki, ia akan hidup dan bahkan dilatih hanya untuk mati tiba-tiba. Mereka tidak pernah hidup untuk menguburkan orang tua mereka.

Saya ingin menyebutkan di sini bahwa kemandulan sebagian besar disebabkan oleh setan. Anda mungkin melihat seorang wanita mandul di bumi ini, tetapi dia akan memiliki anak di laut. Karena itu, saya menasihati anak-anak Tuhan untuk hanya mengandalkan Tuhan karena hanya Tuhan yang memberikan anak yang sejati.

(Kebenaran: 1 Samuel 2: 5 – "Perempuan mandul melahirkan tujuh anak.")

5. Memberi Uang

Jika seorang pria datang kepada kami untuk meminta uang, ia akan diberikan syarat-syarat berikut: ia akan diminta untuk memberikan sebagian tubuhnya, atau jika ia memiliki keluarga, ia akan diminta untuk membawa putranya; jika masih lajang, kakak atau adik laki-lakinya — seseorang dari rahim yang sama.

Selama pembunuhan korban, pemberi akan diberi tombak atau anak panah. Kerabatnya akan berbaris melewati cermin; begitu orang yang disumbangkannya lewat, ia akan diminta untuk menyerang, dan saat itu terjadi, korban akan mati di tempatnya.

Ada metode lain, tetapi satu hal yang dilakukan Setan adalah memastikan bahwa dalam setiap metode, pemberi menjadi bertanggung jawab atas kematian korban, dengan membuat pemberi memukul korban.

Ingat, setan tidak memberikan hadiah cuma-cuma!

(Kebenaran terakhir: Setiap jalan pintas menuju kekayaan adalah jebakan — Matius 16:26 .)

Refleksi Pembebasan

- Neraka menuntut darah; Surga menawarkan darah Kristus sekali untuk selamanya (Ibrani 9:12).
- Setiap perjanjian yang dibuat karena takut hanya dapat dibatalkan melalui pertobatan dan salib.
- Umat Kristen memiliki kekuatan dahsyat melalui pujian dan doa—gunakanlah!
- Kemakmuran sejati, kesembuhan, dan anak-anak hanya berasal dari ketaatan kepada Tuhan semata.

Doa Pelepasan Diri dan Perlindungan

Tuhan Yesus Kristus, aku bersyukur kepada-Mu karena Engkau telah menyingkapkan tipu daya musuh. Aku menolak setiap keterlibatan, baik secara sadar maupun tidak sadar, dengan perjanjian setan, jimat, atau nabi palsu. Biarlah darah Yesus berbicara hal-hal yang lebih baik bagiku. Aku menutup setiap pintu yang terbuka karena rasa ingin tahu, takut, atau ketidaktahuan. Aku menerima hidup berkelimpahan yang telah Engkau janjikan. Kuatkanlah aku untuk berjalan dalam kebenaran, kekudusan, dan kebijaksanaan. Amin.

Bab 4: Bagaimana Setan Melawan Orang Kristen

(Teks asli dipertahankan; anotasi ringkas)

«Karena perjuangan kita bukanlah melawan darah dan daging, melainkan melawan penguasa-penguasa, melawan kekuatan-kekuatan, melawan kejahatan roh di tempat-tempat tinggi.» Efesus 6:10-12
[*Catatan:* ***Ini menjadi kerangka keseluruhan pasal ini: konflik yang sebenarnya adalah rohani; senjata haruslah rohani—Efesus 6:13-18.]***

Orang Kristen yang Berperang

Setelah perintah Lucifer untuk memerangi orang Kristen, kami kemudian duduk dan merencanakan cara-cara untuk melawan mereka sebagai berikut:

1. Menyebabkan penyakit.
2. Menyebabkan kemandulan.
3. Menyebabkan kelengahan di gereja.
4. Menimbulkan kebingungan di gereja.
5. Menyebabkan sikap suam-suam kuku di gereja.
6. Membuat mereka tidak mengetahui Firman Tuhan.
7. Melalui mode dan peniruan.
8. Melawan mereka secara fisik.
   [**Komentar:]** ***Hal-hal ini berfokus pada doa, kemurnian, persatuan, Kitab Suci—tepatnya hal-hal yang memberi kekuatan pada Gereja. Lihat Kisah Para Rasul 2:42–47; Yakobus 4:7–8.]***

Di antara hal-hal di atas, saya ingin menjelaskan dua hal:

1. Berkelahi secara fisik

Dengan TV yang diberikan kepada saya, saya akan melihat orang- orang Kristen yang baru bertobat . Kami tidak memerangi orang-orang munafik karena mereka sudah menjadi bagian dari kami. Kemudian kami akan mengirim anak-anak perempuan kami terlebih dahulu ke gereja-gereja besar. Di dalam gereja mereka akan mengunyah permen karet atau membuat anak menangis atau melakukan apa pun yang akan mengalihkan perhatian orang-orang dari mendengarkan firman Tuhan. Mereka mungkin memutuskan untuk datang secara spiritual dan membuat orang-orang tertidur saat khotbah berlangsung. Saat mereka melihat Anda merenung dengan serius karena khotbah, mereka akan menunggu Anda di luar gereja dan segera setelah Anda keluar, salah satu dari mereka akan menyapa Anda dan bahkan memberi Anda hadiah (dan itu selalu yang Anda sukai) dan akan tampak sangat ramah. Dia akan melakukan segalanya dan sebelum Anda menyadari apa yang terjadi, Anda telah melupakan semua yang Anda pelajari di gereja. Tetapi bagi seorang Kristen sejati, salah satu gadis ini, setelah kebaktian, akan melompat keluar untuk menyapa Anda dan ingin mengenal rumah Anda dengan dalih bahwa dia baru di kota dan tidak mengenal banyak orang Kristen di sekitar. Saat mengantarnya pulang, dia akan segera membeli pisang dan orang Kristen itu akan menganggap ini sebagai isyarat kasih sayang. Ia akan terus berkunjung sampai akhirnya ia memadamkan terang Kristus di dalam dirimu dan kemudian berhenti datang. Operasi utama di gereja-gereja dan persekutuan yang hidup adalah: menghalangi orang Kristen untuk membaca dan mempelajari Firman Tuhan, dan dengan demikian

membuat mereka tidak mengetahui otoritas mereka dan janji-janji Tuhan. Di tempat-tempat kebaktian kebangunan rohani, gadis-gadis ini akan dikirim untuk menimbulkan perselisihan dan pertengkaran.
[**Pedoman:** ***(a) Tetaplah dipenuhi Firman (Kol. 3:16), (b) jaga batasan dengan "kontak baru," (c) jangan biarkan karunia melewati kebijaksanaan (1 Yoh 4:1), (d) tugaskan petugas/pendoa syafaat untuk berjaga & berdoa—Mat. 26:41.]***

Bagaimana Umat Kristen Dikenal?

yang lahir baru tidak dikenal dari Alkitab yang selalu mereka bawa atau banyaknya persekutuan yang mereka hadiri. Mereka dikenal di dunia roh melalui cahaya yang bersinar terus-menerus seperti lilin yang sangat terang di hati atau lingkaran cahaya di sekitar kepala atau dinding api di sekeliling mereka. Ketika seorang Kristen berjalan, kita melihat malaikat berjalan bersamanya, satu di sebelah kanan, satu di sebelah kiri, dan satu di belakang. Ini membuat kita tidak mungkin mendekatinya.
Satu-satunya cara kita berhasil adalah dengan membuat orang Kristen itu berdosa, sehingga memberi kita celah untuk masuk. Ketika seorang Kristen mengendarai mobil dan kita ingin menyakitinya, kita mendapati bahwa dia tidak pernah sendirian di dalam mobil. Selalu ada Malaikat di sampingnya. Oh , seandainya orang Kristen itu mengetahui semua yang Tuhan rencanakan untuknya, dia tidak akan terlibat dalam dosa atau hidup sembarangan!
[**Keterangan:** ***Dosa membuka pintu (Ef. 4:27). Kekudusan menjaga pagar (Ams. 25:28; Zak. 2:5)*** .

2. Proses Terbentuknya Orang Kristen yang Murtad

Sebagai ketua yang ditunjuk oleh Lucifer, saya akan mengirim gadis-gadis ini ke gereja-gereja dan persekutuan yang aktif. Gadis-gadis ini akan berpakaian rapi dan setelah khotbah akan keluar untuk ajakan altar, berpura-pura telah menerima Kristus dan akan didoakan. Di akhir persekutuan atau kebaktian, mereka akan menunggu pendeta yang tentu saja akan sangat senang dengan para mualaf baru ini. Para mualaf bahkan mungkin mengikuti pendeta ke rumahnya. Jika pendeta tidak memiliki roh kebijaksanaan, dia akan memikatnya ke dalam dosa percabulan atau perzinahan. Ini terjadi saat dia mengaguminya dengan nafsu. Dia akan memastikan dia terus berbuat dosa ini sampai akhirnya dia memadamkan Roh Allah di dalam dirinya dan kemudian meninggalkannya, misi selesai.
[**Pengamanan bagi para pendeta:** ***jangan pernah memberi nasihat sendirian; tempat pertemuan yang terlihat; pasangan/penatua hadir; jagalah mata/hati— Mat. 5:28; 1 Tim. 3:2; Ams. 4:23.]***

Pada kesempatan ini, saya ingin memberikan kesaksian tentang seorang Pendeta. Di dunia roh jahat , ia dikenal sebagai seorang hamba Tuhan. Ketika ia berlutut, akan terjadi kebingungan di antara kami. Karena itu, kami mengirimkan gadis-gadis ini kepadanya. Pria ini bahkan memberi mereka makan tetapi menolak untuk dibujuk. Mereka melakukan semua yang mereka bisa tetapi tidak pernah berhasil. Akibatnya, gadis-gadis ini dibunuh karena kegagalan mereka.
Kemudian saya berubah menjadi seorang wanita dan pergi kepadanya, dan dengan kata-kata dan Saya mencoba

membujuknya, tetapi dia tetap teguh. Ini terlalu berat bagi saya, jadi saya memutuskan untuk membunuhnya secara fisik. Suatu hari, Menteri ini pergi ke pasar di Jalan Oduekpe . Saya mengawasinya dan saat dia membungkuk untuk memberi harga beberapa komoditas, saya mendorong sebuah truk gandeng bermuatan drum minyak yang melaju ke pasar tempat dia berada. Truk gandeng itu menabrak tiang listrik tegangan tinggi NEPA dan jatuh tepat ke pasar, menyebabkan banyak orang tewas, tetapi Menteri ini berhasil lolos. Bagaimana dia lolos adalah sebuah keajaiban. Di hari lain, saya melihatnya berjalan kaki ke kota Nkpor . Saya kembali mendorong sebuah truk militer bermuatan ubi jalar yang melaju untuk membunuhnya. Truk itu langsung menuju jalan pemakaman baru, menewaskan banyak orang, tetapi Menteri ini kembali lolos. Setelah percobaan kedua ini, kami menyerah. Dia masih hidup!

Karena seorang Kristen, iblis mungkin memutuskan untuk menghancurkan banyak jiwa, berpikir dia bisa membunuhnya, tetapi dia selalu gagal. Kejadian-kejadian ini telah terjadi pada banyak orang Kristen tanpa mereka sadari, tetapi Tuhan mereka selalu menyelamatkan mereka. Masalahnya adalah, iblis tidak menyerah. Pikirannya selalu: "Saya mungkin berhasil." Namun, ia tidak pernah berhasil. Selama orang Kristen berjalan dalam Kasih Allah dan tetap berada di dalam Dia serta tidak terjerat dalam urusan kehidupan ini, iblis tidak akan pernah berhasil, sekeras apa pun ia berusaha. Hanya orang yang tidak percaya yang berada di bawah kendalinya.

*[**Dorongan** : **Perlindungan ilahi itu nyata—Mazmur 91; Yesaya 54:17; 2 Raja-raja 6:16–17.]***

Penindasan terhadap Umat Kristen

Hal ini sebagian besar terjadi dalam mimpi. Seorang Kristen mungkin melihat hal-hal berikut dalam mimpinya:

1. Seorang kerabat yang telah meninggal mengunjunginya.
2. Para penari bertopeng mengejarnya.
3. Teman-teman berenang di sungai.
4. Teman-teman membawakan makanan dan mengajaknya makan.
5. Seorang wanita lajang yang melakukan hubungan seksual atau bahkan wanita yang sudah menikah yang berhubungan seks dengan seorang pria. Hal ini, jika tidak ditangani, terkadang menyebabkan kemandulan. Atau seorang wanita hamil mendapati dirinya melakukan hubungan seksual dengan seorang pria. Hal ini, jika tidak segera ditangani, dapat menyebabkan keguguran.

Jika seorang Kristen mengalami hal di atas dalam mimpinya, ia tidak boleh mengabaikannya begitu saja, tetapi setelah bangun tidur ia harus memeriksa dirinya sendiri dan mengakui dosa yang diketahuinya kepada Tuhan, mengikat semua setan itu dan meminta Tuhan untuk memulihkan apa pun yang telah dirusak. Ini sangat penting. Orang tersebut juga harus mencari bantuan dan nasihat dari seorang Kristen yang dewasa dan dipenuhi Roh Kudus, yang lebih tua dalam iman.
[**Rencana tindakan setelah bangun tidur:]** ***(1) menolak/melarang dalam nama Yesus (Lukas 10:19), (2) memohon darah Kristus (Wahyu 12:11), (3) membatalkan perjanjian dalam doa (Yesaya 28:18), (4)***

mengambil perjamuan kudus jika memungkinkan (1 Korintus 11), (5) mendapatkan perlindungan pastoral.]

Upaya Iblis Memenangkan Jiwa

Ketika Yesus Kristus meninggalkan bumi ini, Ia memberi perintah kepada murid-murid-Nya: "Pergilah ke seluruh dunia dan jadikanlah semua bangsa murid-Ku." Sementara sebagian orang Kristen masih menunggu waktu yang lebih tepat dan nyaman untuk menaati perintah ini, iblis juga telah memberikan perintah ini kepada agen-agennya. Perbedaannya adalah, agen-agen iblis lebih serius dalam memenangkan jiwa daripada orang Kristen!
Salah satu area yang dimanfaatkan iblis untuk memenangkan jiwa adalah sekolah menengah, terutama sekolah putri. Beberapa gadis kita dikirim ke sekolah-sekolah tersebut sebagai siswi. Kita menyediakan mereka dengan semua pakaian dalam terbaru dan mahal. Ini adalah prioritas utama, karena di asrama putri, mereka hanya suka menggunakan pakaian dalam. Agen kita tidak akan pernah kekurangan apa pun, kosmetik, gaun, pakaian dalam, buku, kebutuhan pokok, dan uang. Sabun mandi tertentu akan diberikan kepadanya untuk dipinjamkan kepada siswi mana pun yang meminta sabun darinya. Seorang gadis yang ingin seperti dia akan tertarik dan akan berteman dengannya. Secara bertahap agen kita akan memperkenalkan kita kepadanya. Pada titik ini kita akan mengunjunginya secara langsung dan mulai memberinya hadiah dan memenuhi kebutuhannya. Dengan demikian, dia akan bergabung dengan kita dengan sukarela. Dia kemudian akan memenangkan orang lain dan seterusnya. Ini dianggap sebagai misi dan dilakukan dengan tekad untuk berhasil. Satu hal yang perlu diperjelas: setan tidak memaksa siapa

pun. Yang dia lakukan adalah menarik dan membuat Anda datang kepadanya dengan sukarela. Itulah sebabnya Alkitab berkata: "Lawanlah iblis, maka ia akan lari dari kamu" (Yakobus 4:7). Area lain dalam memenangkan jiwa bagi iblis adalah memberi tumpangan. Kami akan mengirim gadis-gadis kami untuk berdiri di jalan, dan biasanya mereka sangat cantik dan berpakaian menarik. Anda juga akan menemukan mereka di hotel dan melalui cara-cara ini kami mendapatkan pria dan wanita. Banyak orang yang kami lihat diiklankan di koran sebagai orang hilang, tersesat karena memberi tumpangan kepada gadis-gadis yang tidak mereka kenal. Oleh karena
itu, Anda harus berhati-hati siapa yang Anda tumpangi di mobil Anda.

[**Seruan kepada Gereja:]** ***Jangan biarkan sekolah dan kaum muda tanpa pengawasan—terapkan pembinaan murid di kampus, bimbingan yang aman, dan kewaspadaan orang tua (Amsal 22:6; 2 Timotius 3:14-15). Terapkan batasan yang bijaksana dengan orang asing / orang yang diantar pulang.***

Alat Bantu Pelayanan Cepat (satu halaman)

- **Ketika gangguan terjadi dalam pelayanan:** tugaskan seorang pendoa syafaat di barisan belakang untuk berjaga, mengarahkan jemaat dengan lembut, berdoa dalam Roh dengan tenang (Efesus 6:18).

- **Ketika nafsu/godaan mendekat:** larilah (2 Tim. 2:22), mengakulah, segera hubungi rekan yang dapat dimintai pertanggungjawaban.
- **Ketika mimpi buruk terjadi:** berdoalah dengan suara lantang; batalkan perjanjian; urapi pintu; bacalah Mazmur 91/Yesaya 54; ambil perjamuan kudus; mintalah penatua untuk berdoa (Yakobus 5:14-16).
- **Ketika terjadi kebingungan/perselisihan dalam persekutuan:** hentikan agenda; 10 menit untuk pujian dan pembacaan Alkitab; tegaskan kembali misi; berdoa untuk persatuan (Mazmur 133; Yohanes 17).
- **Perlindungan remaja:** budaya kesopanan melalui pemuridan, bukan rasa malu; batasan digital/media; klub Firman mingguan; mentor perempuan terlatih untuk anak perempuan, mentor laki-laki untuk anak laki-laki.

Doa Penguatan

Tuhan Yesus, Engkau adalah perisai dan kemenanganku. Aku menutup setiap pintu yang terbuka karena dosa atau kelalaian. Kenakanlah kepadaku kebenaran, keadilan, Injil damai, iman, keselamatan, dan Firman Allah. Ajarkanlah tanganku untuk berperang dan hatiku untuk mengasihi. Aku melawan iblis; ia harus lari. Biarlah tembok api mengelilingi aku dan keluargaku. Teguhkanlah aku dalam kekudusan, kebijaksanaan, dan kesaksian yang berani—Amin. *(Ef. 6:10–18; Zak. 2:5; Yakobus 4:7)*

Bab 5: Perjumpaanku dengan Yesus Kristus

(Kesaksian asli tersimpan, dengan refleksi singkat)

"Pada bulan Februari 1985, kami mengadakan pertemuan rutin di laut, setelah itu saya memutuskan untuk pergi ke Port Harcourt di Negara Bagian Rivers, untuk mengunjungi istri mendiang paman saya. Saya bertemu seorang pria bernama Anthony. Dia memiliki bengkel di Persimpangan Nwaja , di sepanjang Jalan Trans- Amadi , Port Harcourt, Negara Bagian Rivers. Dia memanggil saya dan karena di masyarakat kami ada hukum untuk tidak pernah menolak panggilan, saya memutuskan untuk menjawab panggilannya. Saya pergi menemuinya pada Kamis siang minggu itu. Dia memulai dengan mengatakan bahwa Tuhan telah memberinya pesan untuk saya. Dia mengeluarkan Alkitabnya dan mulai berkhotbah. Ada tiga orang Kristen lain yang duduk (satu laki-laki dan dua perempuan). Dia melanjutkan khotbahnya untuk waktu yang lama dan saya tidak yakin saya mendengar semua yang dia katakan. Dia meminta saya untuk berlutut untuk berdoa. Saya menurut dan dengan tenang berlutut.

Segera setelah dia mulai berdoa, saya dihantam oleh Roh Allah dan saya jatuh tersungkur. Saya berjuang untuk bangkit dan berdiri seperti besi. Saya menghancurkan kursi-kursi besi di dalam bengkel. Saya melihat ke luar dan melihat tiga anggota perkumpulan rahasia kami, seorang Seorang pria dan dua gadis. Mereka datang dalam wujud manusia dan bergerak menuju pintu, tetapi karena kuasa Tuhan mereka tidak dapat masuk."

[**Catatan:** Bahkan neraka pun tidak dapat menembus batas otoritas Allah (Mazmur 91:1-3; Lukas 10:19). Pengurapan mematahkan belenggu.]

"Saya yakin alarm di laut telah memberi tahu mereka tentang masalah itu dan dengan adanya TV mereka tahu di mana masalahnya dan telah mengirimkan tim penyelamat yang 'tidak berdaya'. Ini selalu terjadi ketika ada anggota yang mengalami masalah. Sementara kedua pria Kristen itu menarik saya berlutut, para gadis terus berdoa dan mengikat setan-setan itu, tetapi mereka tidak menyebutkan nama yang spesifik. Mereka bertanya apakah saya percaya kepada Yesus Kristus, saya tidak menjawab. Mereka meminta saya untuk menyebut nama Yesus, saya menolak. Mereka menanyakan nama saya sendiri dan saya memberi tahu mereka. Mereka berjuang selama berjam-jam dan melepaskan saya untuk pergi. Tidak ada roh yang dikeluarkan dari saya, jadi saya pergi dengan cara yang sama seperti ketika saya datang."

[**Pelajaran:** Pembebasan membutuhkan wahyu dan otoritas—bukan emosi. Kekhususan dan kebijaksanaan itu penting (Markus 9:29; Kisah Para Rasul 19:15-16).]

Acara Gereja

"Keesokan harinya, hari Jumat, saya diundang oleh Anthony yang sama untuk menghadiri kebaktian malam mereka di gereja Assemblies of God, Silver Valley, Port Harcourt. Saya menerima undangan ini karena menghadiri kebaktian gereja untuk menimbulkan kantuk dan kebingungan adalah bagian dari tugas kami. Acara dimulai dengan paduan

suara. Kami bernyanyi sampai salah satu anggota menyanyikan sebuah lagu populer dari sebuah band Kristen tertentu, tentang ketidakberdayaan kekuatan lain kecuali kuasa Yesus.
Kemudian saya mulai tertawa. Saya tertawa karena ketika dalam roh saya melihat kehidupan mereka, hampir tiga perempat dari orang-orang yang menyanyikan lagu ini hidup dalam dosa. Saya tahu bahwa karena dosa-dosa dalam hidup mereka, mereka terekspos dan dapat dirugikan secara serius oleh kekuatan-kekuatan ini."

[**Pencerahan:** Pujian tanpa kesucian adalah kebisingan bagi surga (Yesaya 1:15; Yohanes 4:24). Kekudusan adalah perisai bagi para penyembah.]

"Dalam kebaktian itu kami berempat seperti orang yang datang dari laut dan bernyanyi serta bertepuk tangan bersama mereka. Sekali lagi saya ingin menekankan di sini bahwa ketika kebaktian dimulai, anggota jemaat hendaknya terlebih dahulu mengaku dosa, kemudian masuk ke periode pujian yang tulus kepada Tuhan. Ini akan membuat agen Setan yang hadir merasa sangat tidak nyaman dan bahkan melarikan diri untuk menyelamatkan nyawanya.
Dalam kebaktian khusus ini kami merasa sangat nyaman dan bahkan sampai melakukan ibadah. Banyak yang mulai tertidur, nyanyian pujian dinyanyikan dengan lemah dan semuanya menjadi kacau."

[**Catatan:** Pengakuan dosa dan pertobatan mengundang api ilahi. Di mana tidak ada kekudusan, kegelapan merasa nyaman (2 Tawarikh 7:14).]

"Saudara Anthony sudah memberi tahu mereka tentang saya, jadi sekitar pukul 2 pagi mereka memanggil saya untuk berdoa bagi saya. Begitu saya keluar ke depan, mereka mulai memohon darah Yesus. Saya menghentikan mereka dan berkata: 'Bukan memohon darah yang menjadi solusi. Saya adalah anggota perkumpulan rahasia yang sangat dalam. Jika Anda setuju bahwa Anda dapat membebaskan saya, maka saya akan berlutut.' Kata-kata yang saya ucapkan ini tidak direncanakan sebelumnya. Darah Yesus menakut-nakuti setan dan melindungi orang percaya, tetapi tidak mengikat setan. Pengikatan setan hanya terjadi ketika orang Kristen menggunakan otoritasnya dan memberi perintah."

[**Klarifikasi:** Darah menebus dan melindungi; otoritas dalam Nama Yesus menegakkan kemenangan (Wahyu 12:11; Markus 16:17-18).]

"Mereka setuju dan saya berlutut. Pada saat itu seorang saudari yang dipimpin oleh Roh Allah berteriak dan berkata: 'Jika kamu tidak layak, jangan mendekat!' ... Sangat berbahaya bagi seorang Kristen yang hidup dalam dosa untuk mengusir setan. Banyak yang mundur dan beberapa keluar untuk berdoa bagi saya. Saat mereka mulai dengan 'Dalam nama Yesus,' saya mendengar ledakan besar di dalam diri saya dan jatuh ke lantai... Dua kekuatan yang berlawanan mulai beraksi dan suasana berubah."

[**Catatan:** Hanya bejana yang bersih yang memiliki otoritas yang kekal (2 Tim 2:21). Pembebasan adalah peperangan kudus.]

"Setan keluar dari tubuhku dan merasuki seorang anak laki-laki di antara mereka... Para saudara tidak membuang waktu dengannya, melainkan membawa dia dan orang lain yang ketakutan ke ruang sakristi gereja dan mengunci mereka di dalam. Ini berlanjut hingga pukul 7.00 pagi... Mereka tertipu dan percaya bahwa aku telah dibebaskan."

[**Pelajaran:** Kebijaksanaan adalah kuncinya; beberapa pembebasan bersifat sebagian atau palsu jika akar masalahnya tidak ditangani (Lukas 11:24-26).]

"Aku sangat lemah secara fisik sehingga sulit bagiku untuk berjalan keluar dari gereja. Tapi sesuatu terjadi, karena begitu aku keluar dari gereja dan menyeberangi jalan, aku menjadi sangat kuat secara fisik. Mungkin beberapa setan yang pergi telah kembali. Aku menjadi sangat marah dan memutuskan untuk membalas dendam pada gereja."

[**Renungan:** Musuh berjuang paling keras sebelum kebebasan; tetapi Tuhan memasang jebakan ilahi bahkan di tengah kegagalan yang tampak (Kej 50:20).]

Dalam Perjalanan Menuju Lagos

"Sesampainya di rumah istri paman saya, saya memberi tahu mereka bahwa saya akan segera berangkat ke Lagos... Di Mile 3 kami berangkat dan setibanya di Omagwe , di persimpangan Bandara Internasional, saya mendengar suara memanggil saya dengan nama asli saya 'NKEM.' ... Saat saya masih bingung, suara itu terdengar lagi: 'NKEM, apakah kau akan mengkhianatiku lagi?' ... Tiba-tiba saya demam tinggi... Di Umuakpa , Owerri, saya pingsan di dalam taksi."

[**Catatan:** Belas kasihan Tuhan menghentikan kita di tengah perjalanan—momen Saul di Damaskus (Kisah Para Rasul 9:3-6).]

"Yang selanjutnya saya tahu adalah dua orang pria, tinggi dan besar, datang untuk membawa saya... 'Kau buronan!'... Kami kemudian menuju ke sebuah bangunan yang sangat besar dan panjang yang tampak seperti Aula Konferensi... Di ujungnya ada sebuah altar. Saya melihat bulan dan bintang-bintang mengelilingi matahari. Kemudian saya melihat sebuah singgasana dan di atasnya duduk seorang pria yang sangat tampan dengan pakaian yang bersinar seperti matahari. Dia berkata: 'Datanglah!'... Bulan kemudian bergerak kembali ke singgasana dan kemudian Dia yang duduk di atasnya berkata lagi: 'Datanglah!'"

[**Interpretasi:** Ini adalah perjumpaan klasik antara kematian dan kehidupan—tubuh tergantung, roh ditarik ke hadapan takhta penghakiman Kristus (2 Kor 5:10).]

Pembersihan Rohani

"Aku berjalan ke suatu tempat dan Dia turun dari takhta menghampiriku, melepaskan kakiku satu per satu dan mencurahkan apa yang ada di dalamnya lalu memasangnya kembali.... Aku bertanya-tanya dalam hatiku, siapakah Dia ini dan bagaimana Dia tahu tempat-tempat di mana benda-benda ini disimpan."

[**Artinya:** Tuhan mencabuti implan setan dan menggantinya dengan kesempurnaan-Nya—Yehezkiel 36:26.]

"Setelah itu Ia kembali ke takhta-Nya dan meminta saya untuk datang.... Ia berkata: 'Ya, tetapi Aku akan menunjukkan kepadamu apa yang ada dalam pikiranmu.' ... Orang ini membawa saya ke sebuah ruangan dan membuka sesuatu seperti papan tulis.... di hadapan saya tertulis semua yang telah saya rencanakan terhadap orang Kristen dan rencana saya terhadap gereja Assemblies of God, Silver Valley."

[**Pelajaran:** Tidak ada yang tersembunyi di hadapan mata Tuhan (Ibrani 4:13). Pengakuan dan pertobatan menghapus semua yang tersembunyi.]

Wahyu Ilahi

"Ia turun dari takhta dan memegang tanganku, lalu berkata bahwa Ia akan menunjukkan beberapa hal kepadaku... 'Aku tidak ingin engkau binasa, melainkan menyelamatkanmu, dan inilah kesempatan terakhirmu.' ... Ketika Ia mengatakan itu, aku langsung tahu bahwa Ia adalah Yesus Kristus."

[**Kasih Karunia:** Bahkan orang yang paling najis pun dapat dipanggil *untuk terakhir kalinya.* Belas kasihan masih memohon (Yesaya 1:18).]

"Kami memasuki sebuah ruangan dan Ia membuka sesuatu seperti tirai. Aku melihat seluruh dunia... Kami pergi ke ruangan kedua... Ia menyebut orang-orang ini 'orang-orang munafik.' ... Kami pergi ke ruangan ketiga... 'Ini adalah orang-orang yang ditebus yang menantikan upah mereka.' ... Kami pergi ke ruangan keempat... Tampaknya seperti seluruh kota yang terbakar. Neraka itu nyata dan mengerikan.... Ia menyebutkan nama mereka seperti yang tercatat dalam Wahyu 21:8."

[**Peringatan:** Kesaksian ini selaras dengan kesaksian Kitab Suci yang konsisten—Neraka dan Surga adalah takdir yang nyata (Matius 25:41–46).]

"Kami masuk ke ruangan kelima dan ketika Ia membuka tirai, apa yang kulihat hanya dapat digambarkan sebagai MULIA.... Ia berkata: 'Inilah pengharapan orang-orang kudus. Maukah kamu berada di sana?' Segera aku menjawab 'Ya!' ... Ia berkata: 'Pergilah dan saksikan apa yang telah Kulakukan untukmu.'"

[**Tugas:** Setiap perjumpaan yang sejati melahirkan sebuah amanat — *" Pergilah dan beritakanlah."* (Markus 5:19).]

Kembali ke Bumi

"Sekali lagi, Dia membawaku ke ruangan lain... 'Jangan takut, pergilah, Aku akan bersamamu.' Dia membimbingku keluar dari aula dan menghilang, dan aku terbangun di tempat tidur di rumah orang lain.... Pria itu kemudian menceritakan bagaimana aku pingsan di dalam taksi dan bagaimana mereka membawaku ke Katedral Katolik di Owerri.... Pria itu kemudian membawaku dengan mobilnya ke rumahnya dan telah menunggu.... Aku tinggal dengan tenang bersama keluarga yang baik hati ini selama dua hari dan kemudian pria dan istrinya mengantarku ke terminal bus Owerri."

[**Catatan:** Pertemuan ilahi sering kali melibatkan orang asing yang digerakkan oleh Roh—Ibrani 13:2.]

"Semua yang Tuhan tunjukkan kepadaku tentang perjalananku terjadi satu demi satu.... Aku taat dan meninggalkan Lagos menuju Port Harcourt keesokan paginya. Aku sering bertanya pada diri sendiri, mengapa Tuhan menyelamatkan orang seperti aku? Orang yang begitu jahat dan merusak, agen Setan! Aku menemukan jawabannya dalam tiga kata ini: **Allah adalah kasih.** Sesungguhnya, Allah adalah Kasih! (1 Yohanes 4:8, 4:16)"

[**Catatan Akhir:** Wahyu tertinggi bukanlah penghakiman tetapi kasih—Yohanes 3:16; Roma 5:8.]

Kunci Spiritual untuk Masa Kini

1. **Otoritas:** Ketahuilah dan gunakan hak hukummu di dalam Kristus (Lukas 10:19).
2. **Kesucian:** Pertobatan menjaga perlengkapan senjata tetap utuh; dosa mengundang untuk kembali masuk ke dalam dosa.
3. **Keter discernment:** Tidak setiap manifestasi spiritual bersifat ilahi; ujilah semua roh (1 Yohanes 4:1).
4. **Komunitas:** Pembebasan paling aman terjadi dalam doa bersama dengan para pendoa syafaat yang saleh.
5. **Kesaksian:** Setiap pembebasan membutuhkan kesaksian—diam hanya menguntungkan musuh.

Doa Penyerahan Diri Sepenuhnya

Tuhan Yesus Kristus, aku mengakui Engkau sebagai satu-satunya Tuhan dan Juruselamat yang sejati. Terima kasih karena Engkau telah menebusku dari setiap perjanjian kegelapan. Aku menyerahkan hidupku, tubuhku, jiwaku, dan rohku kepada-Mu. Singkirkan setiap benih tersembunyi musuh; sucikan aku dengan Darah-Mu; penuhi aku dengan Roh Kudus; dan gunakan aku untuk membebaskan orang lain. Biarlah hidupku bersaksi bahwa **Allah adalah Kasih** . Amin.
(Yohanes 3:16 • 1 Yohanes 4:8 • Efesus 6:10-18)

Bab 6: Godaan dan Kemenangan

"Domba-domba-Ku mendengarkan suara-Ku, dan Aku mengenal mereka, dan mereka mengikuti Aku. Dan Aku memberikan kepada mereka kekal." hidup; dan mereka tidak akan pernah binasa, dan tidak seorang pun dapat merebut mereka dari tangan-Ku." Yohanes 10:27-28

[*Komentar:* ***Janji ini menjadi kerangka keseluruhan bab ini: Genggaman Yesus lebih kuat daripada serangan balasan apa pun (Yohanes 10:27-28).]***

Setelah saya bertobat kepada Kristus, hal pertama yang terjadi adalah semua hadiah dari laut, teleskop, TV, kemeja, foto-foto yang saya ambil di dalam laboratorium laut, dan foto Ratu Pantai yang dipajang di apartemen saya lenyap. [*Komentar:* ***Kisah Para Rasul 19:19—artefak okultisme kehilangan kekuatannya dan harus dibuang; Tuhan sering kali menyingkirkannya secara berdaulat.]***

Sekembalinya ke Port Harcourt, saya merasa ingin bersaksi tentang apa yang telah Tuhan lakukan bagi saya, tetapi saya tidak diizinkan di gereja. Istri mendiang paman saya, yang juga seorang Kristen, membawa saya kepada salah satu pendeta, tetapi pertanyaan yang dia ajukan adalah: "Apakah dia membawa surat itu?" Belakangan saya mengerti bahwa surat yang dimaksud adalah 'surat keanggotaan.' Apa hubungannya surat keanggotaan dengan kesaksian saya tentang kuasa Kristus dan apa yang telah Dia lakukan bagi saya—Allah, yang memindahkan saya dari kuasa kegelapan ke dalam kerajaan Putra-Nya yang terkasih, di dalam Dia saya memperoleh penebusan melalui darah-Nya, bahkan pengampunan dosa-dosa saya? *[Komentar:* ***Birokrasi dapat melewatkan momen-momen ilahi. Namun demikian, kesaksian adalah berdasarkan Alkitab (Wahyu 12:11); waktu dan penggembalaan itu penting.]***

Saya sedih, karena tahu bahwa Setan tidak mengizinkan orang-orang yang baru bertobat untuk bersaksi, terutama mereka yang sebelumnya sangat terlibat dalam aktivitasnya, dan akan melakukan segala cara untuk menghentikan kesaksian tersebut. Sekali lagi saya ingat, Tuhan dengan jelas memerintahkan saya untuk "pergi dan bersaksi tentang apa yang telah Aku lakukan untukmu" dan di sini saya dihadapkan dengan penolakan. Mungkin belum waktunya. Jadi saya memutuskan untuk menunda memberikan kesaksian saya kepada siapa pun. Saya melakukan perjalanan dengan tiga pedagang dari Aba ke Togo untuk perjalanan bisnis. Di sana saya membeli barang senilai N160.000 (Seratus Enam Puluh Ribu Naira). Dari jumlah tersebut, uang pribadi saya adalah N70.000 sedangkan sisanya N90.000 dipinjam dari pedagang di Aba. Di antara barang-barang yang saya beli adalah bundel renda, berbagai macam obat-obatan (terutama antibiotik), suntikan, termometer, dll. Di perbatasan Nigeria, kami ditahan oleh Bea Cukai dan kemudian diminta untuk membayar suap. Kami menolak dan barang-barang disita termasuk barang-barang milik rekan-rekan saya. Beberapa bulan kemudian, barang-barang milik rekan-rekan saya dibebaskan, kecuali milik saya. Saya kembali lagi kemudian dan diminta membayar N40.000, tetapi setelah memeriksa barang-barang tersebut, saya menemukan bahwa semua barang berharga, bundel renda, suntikan, obat-obatan, dll., sudah dicuri. Saya menilai barang-barang yang tersisa dan tahu bahwa membayar N40.000 kepada Bea Cukai hanya

akan menambah kerugian, jadi saya memutuskan untuk melepaskan barang-barang yang tersisa.
[*Komentar:* ***Ketika perlindungan lama hilang, Tuhan melatih kita untuk berjalan di jalan-Nya, bukan di "perlindungan" lama (Amsal 3:5-6).]***

Para pedagang yang uangnya saya pinjam mulai mengejar saya. Beberapa memanggil polisi, yang lain main hakim sendiri dan berencana untuk membunuh saya. Satu-satunya solusi adalah menutup rekening bank saya dan menggunakan semua uang yang saya miliki untuk melunasi semua hutang. Dengan rahmat Tuhan, saya membayar semuanya kecuali N1.000 yang seharusnya untuk pemilik rumah saya di Lagos. Saya benar-benar bangkrut dan bahkan meminjam 20 kobo untuk ongkos taksi.
[*Komentar:* ***Tekanan berat sering kali mengikuti pembebasan; Tuhan menggunakannya untuk menghancurkan kesombongan dan membangun ketergantungan baru.]***

Saya mendatangi beberapa pengusaha Kristen yang saya kenal saat itu, untuk meminta bantuan agar saya bisa memulai hidup baru. Tak seorang pun mengatakan ya atau tidak, melainkan saya diminta datang lagi keesokan harinya berulang kali sampai saya lelah atau menemukan bantuan. Saya tidak mengenal Firman Tuhan dan dengan segala kebingungan di hati saya, saya membaca Alkitab tetapi tidak mengerti. Masih merenungkan apa yang harus saya lakukan, saya menerima panggilan mendesak dari desa saya. Saya bergegas pulang dan mendapati bangunan kecil yang sedang saya bangun telah dihancurkan oleh paman saya yang juga ada di sana dan mengancam akan membunuh saya. Sifat lama dalam diri saya tertantang. Saya ingat ketika saya berada di perkumpulan rahasia,

betapa ia takut kepada saya dan akan berlutut di hadapan saya. Tetapi sekarang ia tahu saya telah berubah (bagaimana ia tahu saya tidak tahu karena saya belum pulang sejak pertobatan saya) dan sekarang ia mengancam saya. Saya berseru kepada Tuhan dan berkata: "Jadi Engkau menyelamatkan saya untuk meninggalkan saya dalam keadaan frustrasi dan membiarkan musuh-musuh saya bersukacita atas saya!" Saya menangis dan memutuskan untuk kembali ke perkumpulan itu.
[Komentar: ***Titik godaan klasik—keputusasaan mengundang kemunduran. Merataplah kepada Tuhan, jangan kembali ke perbudakan (Mazmur 42).]***

Pertempuran dengan Agen-Agen Setan

[Komentar: ***Berikut ini menggambarkan serangan balik pasca-konversi dan bagaimana cara bertahan.]***

Selama periode ini, agen-agen Ratu Pantai mulai mengejar saya. Saya sangat menderita di tangan mereka. Saya mengalami mimpi buruk. Pada tanggal 1 Mei 1985, sebulan setelah pertobatan saya, sekitar pukul 2.00 pagi, orang lain di rumah sedang tidur. Saya dibangunkan oleh agen-agen ini. Mereka memerintahkan saya untuk keluar dari rumah. Saya menurut, keluar, dan mereka mengikuti di belakang. Semuanya terjadi seperti mimpi, tetapi ini adalah kenyataan. Kami pindah ke tempat pemakaman di dekat gereja Anglikan St. Paul, di Jalan Aba, Port Harcourt.
[Komentar: ***Manipulasi dan paksaan saat tidur adalah hal yang umum; otoritas dalam Yesus mematahkannya (Lukas 10:19).]***

Sesampainya di sana mereka berkata: "Kau harus kembali. Jika kau menolak, kami akan membunuhmu atau membuatmu menjadi orang miskin." Setelah instruksi itu mereka pergi. Aku tersadar dan bertanya-tanya bagaimana aku bisa sampai di tempat pemakaman itu. Aku kembali ke tempat tidur dan tidur. Mereka memutuskan untuk menyerangku di siang hari. Kadang-kadang, saat berjalan di sepanjang jalan mereka akan berkelahi denganku. Orang-orang di sekitar akan melihatku berkelahi dengan udara atau melihatku berlari seolah-olah dikejar. Hanya aku yang melihat mereka. Mereka melakukan ini empat kali dan kemudian berhenti. Kemudian pemimpin mereka, Ratu Pantai, mengambil alih. Hari pertama dia datang dengan mobil dan parkir di samping rumah kami. Dia berpakaian rapi dan seperti biasanya sangat cantik. Orang-orang di sekitar mengira dia pacarku. Begitu dia masuk, aku tahu siapa dia. Dia datang sekitar pukul 12 siang ketika seluruh area tidak terlalu ramai. Dia duduk dan antara lain berkata: "Kau bisa pergi ke gerejamu, percaya apa pun yang ingin kau percayai, tetapi jika kau tidak mengungkapkan identitasku, aku akan memberimu apa pun yang kau butuhkan dalam hidup ini." Saya tidak mengenal Kitab Suci, jadi saya hanya mendengarkan dan memperhatikan dia berbicara. Dia memohon dan mencoba membujuk saya untuk kembali kepadanya. Saya tidak pernah mengatakan ya atau tidak kepadanya. Dia berdiri, masuk ke mobilnya, dan pergi.
[Komentar: ***Musuh menawar untuk mendapatkan keheningan. Efesus 5:11 — " Jangan bersekutu... lebih baik singkapkan saja."]***

Sekitar dua kali istri paman saya menjamu wanita itu tanpa mengetahui siapa dia, dan saya tidak pernah memberi tahu istri paman saya siapa wanita itu. Selama kunjungan

terakhirnya, dia mengubah pendekatannya. Kali ini dia memberi saya peringatan keras, mengatakan bahwa selama kunjungan-kunjungan ini dia telah mencoba membujuk saya untuk kembali kepadanya dan bahwa saya sangat keras kepala, dan bahwa ini adalah kunjungan terakhirnya. Jika saya masih menolak untuk kembali, dia akan datang kepada saya pada bulan Agustus dan akan membunuh saya, atau mencacatkan saya, atau membuat saya jatuh miskin. Dengan itu dia pergi.
[Komentar: ***Ancaman meningkat ketika bujukan gagal. Yesaya 54:17 adalah perisainya—berdirilah teguh.]***

Saya takut, jadi suatu hari saya pergi ke gereja dan memanggil seorang saudara. Saya menceritakan masalah saya dan pengamatan saya tentang beberapa anggota gereja, dll. Saudara ini memberi saya alamat kantor Persatuan Ayat Suci (SCRIPTURE UNION/SU) dan berkata: "Di sana kamu akan menemukan bantuan." Kebetulan itu adalah hari terakhir saya melihat "saudara" ini. Saya belum pernah melihatnya di mana pun di Port Harcourt sampai sekarang. Saya mencatat alamatnya dan keesokan harinya, naik taksi ke No. 108 Jalan Bonny, tempat kantor itu berada dan bertemu dengan juru ketik yang memberi saya program kegiatan triwulanan Kelompok Peziarah SU Rumuomasi , karena itu yang terdekat dengan saya. Dia berkata: "Datanglah hari Minggu!" Saya berada di Pusat Persekutuan - Sekolah Negeri St. Michael, Rumuomasi - pukul 14.00, tanpa mengetahui bahwa persekutuan dimulai pukul 15.00, tetapi saya bertemu dengan kelompok doa, jadi saya bergabung dengan mereka.
[Komentar: ***Tuhan sering membimbing dengan langkah-langkah sederhana—temukan komunitas yang berdoa dan berpusat pada Firman dan bergabunglah.]***

Setidaknya aku akan terhindar dari semua kebingungan dan juga akan memberi pamanku pelajaran yang tak akan pernah ia lupakan seumur hidupnya. Meskipun aku telah mengambil keputusan itu, ada dua ketakutan utama dalam diriku:

1. Selama pertobatan saya, Tuhan dengan jelas berkata kepada saya: "Ini adalah kesempatan terakhirmu." Kembali ke masyarakat mungkin berarti kematian, bukan hanya kematian fisik tetapi juga kematian spiritual.
2. Jika saya tetap di dalam Tuhan, paman saya mengancam akan membunuh saya.
   Saya sangat bingung dan membutuhkan pertolongan. Saya tidak memahami Firman Tuhan dan tidak pernah tahu apa yang dikatakan Firman mengenai hal di atas. Pembaca yang budiman, Anda akan menyadari di sini bahwa saya mengalami semua kebingungan ini karena kurangnya tindak lanjut sebagai seorang mualaf muda. Tindak lanjut untuk mualaf muda sangat penting dan orang Kristen harus menanggapinya dengan serius. Jika Anda tahu Anda tidak dapat menindaklanjuti mualaf Anda, jangan pergi untuk bersaksi. Yesus Kristus menekankan hal ini tiga kali ketika Dia bertanya kepada Petrus: "Simon, anak Yonus, apakah engkau mengasihi Aku lebih daripada mereka ini?... Gembalakanlah anak-anak domba-Ku." Banyak mualaf yang murtad karena kurangnya tindak lanjut yang tepat. Jika Anda mengasihi Yesus, peliharalah anak-anak domba-Nya!
   [Komentar: ***Nasihat yang kuat kepada gereja-gereja: penginjilan harus dipadukan dengan pemuridan (Yohanes 21:15–17).]***

Setelah persekutuan hari itu, saya tahu ini adalah tempat yang tepat untuk saya. Tuhan menyediakan seorang wanita Kristen bagi saya, yang saya anggap seperti ibu, yang tertarik menjelaskan Firman Tuhan kepada saya dan juga menasihati saya. Saudara-saudara menjadi sangat tertarik pada saya dan peduli. Saya melihat kasih yang nyata. Roh Kudus mulai memberi saya pemahaman tentang Firman dan iman saya bertumbuh. Tetapi Ratu Pantai tidak muncul seperti yang diancamkan. Mazmur 91, perlindungan Tuhan, digenapi dalam hidup saya. Yesaya 54:17: "Tidak ada senjata yang dibentuk melawan engkau akan berhasil; dan setiap lidah yang bangkit melawan engkau dalam penghakiman akan engkau hukum. Inilah warisan hamba-hamba Tuhan, dan kebenaran mereka berasal dari-Ku, firman Tuhan." Ini juga digenapi.
[Komentar: ***Komunitas yang teguh + Kitab Suci = perlindungan dan pertumbuhan. Tuhan menepati Firman-Nya.]***

September 1985, saya menerima pesan bahwa nama saya tercantum sebagai distributor di Silver Brand Cement, Lagos dan saya diharapkan melapor ke kantor pada tanggal 27/9/85. Saya meninggalkan Port Harcourt pada tanggal 26/9/85 dan tiba di Lagos pada malam hari. Keesokan paginya, 27/9/85, saya pergi ke kantor hanya untuk diberitahu oleh Manajer Personalia bahwa alokasi saya telah diberikan kepada orang lain. Dia meminta saya untuk datang kembali keesokan harinya, 28/9/85, untuk menemui Direktur Utama. Dalam perjalanan kembali ke apartemen saya, melewati sebuah jalan setapak, seseorang datang dari belakang dan mencengkeram saya serta mencoba mencekik saya, yaitu menutup hidung dan mulut saya. Saya berjuang untuk hidup dan sementara orang-orang lewat, tidak ada yang datang untuk menyelamatkan saya, tetapi

Tuhan campur tangan. Saat saya masih berjuang dengan tangan-tangan itu , saya mendengar dia berteriak dan mendorong saya menjauh sambil berkata: "Siapa orang di belakangmu itu?" Dia mengulanginya untuk kedua kalinya dan menghilang. Dari suaranya saya tahu itu seorang wanita tetapi tidak pernah melihat siapa dia. Aku linglung dan terhuyung-huyung sampai ke flatku.
[Komentar: ***Campur tangan malaikat itu nyata (Mazmur 34:7). Tekanan ekonomi + serangan fisik seringkali terjadi bersamaan.]***

Sekali lagi, pemilik rumah saya sangat marah dan berkata: "Mengapa kamu kabur dengan uang sewa saya?" Saya memohon kepadanya dan mencoba menjelaskan bahwa saat ini saya tidak bekerja dan akan membayar semua uangnya segera setelah saya punya uang. Dengan cara dia menyetujui, saya pikir masalah ini sudah selesai. Keesokan harinya, 28/9/85, saya kembali ke kantor dan bertemu dengan Direktur Utama yang meminta maaf karena telah memberikan alokasi saya kepada orang lain. Saat dia masih berbicara, seorang pemuda masuk dan bertanya kepada saya: "Bukankah Anda Emmanuel?" Saya berkata: "Ya, saya." Dia berkata: "Ya, akhirnya kami menangkapmu! Apakah kamu sudah selesai melarikan diri? Kami telah mengunjungi Port Harcourt beberapa kali dan menemukan bahwa kamu selalu bersama ibu rohanimu. Dia telah menjadi batu sandungan bagi kami dan sekarang setelah kamu datang ke Lagos, kami telah menangkapmu! Kamu tidak akan pernah bisa kembali ke Port Harcourt. Sayalah yang mengambil alokasimu." Saya menantangnya dan berkata kepadanya: "Anda tidak bisa berbuat apa-apa!" Direktur Utama terkejut dengan apa yang terjadi di kantornya. Saya permisi dan pergi ke apartemen.

[Komentar: ***Musuh menargetkan "pelindung" (ibu/ayah spiritual). Tetap terhubung; jangan mengisolasi diri.]***

Beberapa menit kemudian saya mendengar ketukan di pintu dan Nina masuk. Dia bertanya apakah saya akan kembali ke Port Harcourt. Saya menjawab ya. Dia memohon agar saya kembali kepada mereka dan mengatakan bahwa pekerjaan yang telah saya latih secara khusus masih belum terselesaikan: KOTIPARI (dalam bahasa Yoruba). Saya telah dilatih:

- Bertanggung jawab atas agen-agen kekuatan iblis.
- Bertanggung jawab atas "ruang kendali laut," memantau kejadian di dunia, mengirim dan menerima sinyal, serta memobilisasi pasukan, dan lain sebagainya.
- Berada di sisi Ratu Pantai. Ini tidak hanya melibatkan upacara, pengorbanan, pelaksanaan tugas khusus olehnya, tetapi juga hal-hal lain yang sulit dijelaskan.
- Dengan bantuan kekuatan kegelapan, mereka mendirikan perkumpulan rahasia baru yang tampak tidak berbahaya agar menarik kaum muda dan lebih banyak jemaat gereja.

  Dia berkata, jika saya menemaninya, yang menanti saya adalah promosi ganda dan banyak berkat. Dia mengaku mereka bertanggung jawab atas penyitaan dan pencurian barang-barang saya, juga bahwa mereka menghasut paman saya untuk menghancurkan bangunan saya dan mengancam nyawa saya. Bahwa jika saya menolak mengikutinya, mereka akan berbuat lebih banyak dan memastikan bahwa saya tidak akan makmur. Bahwa mereka telah memutuskan untuk melawan ibu rohani saya:

"Jika kami menangkapnya, kami akan menangkapmu," katanya. Saat itu, saya mulai berkhotbah kepadanya. Dia berdiri dan berkata: "Mereka menipumu," lalu pergi. Kejadian ini terjadi pada malam tanggal 28/9/85.
[Komentar: ***Paket godaan + intimidasi: tawaran promosi, ancaman terhadap nafkah, dan menargetkan mentor.]***

Belum sampai lima belas menit setelah dia pergi, saya mendengar ketukan lagi. Kali ini ada empat orang pria. Mereka memberi isyarat agar saya keluar dan saya pun ikut bersama mereka. Kami berjalan sampai sekitar dua tiang dan salah satu dari mereka bertanya kepada saya: "Apakah Anda mengenal kami?" Saya menjawab tidak. Dia melanjutkan: "Kami telah disewa oleh tuan tanah Anda untuk membunuh Anda." Saat dia masih berbicara, salah satu dari mereka mengeluarkan pistol dan yang lain mengeluarkan belati. Saya tidak berdaya dan tahu bahwa mereka akan membunuh saya, tetapi Tuhan dengan cara supranatural-Nya melakukan mukjizat yang mengejutkan saya dan mereka. Pria dengan pistol menembak saya tetapi tidak ada suara. Pria dengan belati menggunakannya di punggung saya tetapi tidak menembus, melainkan terdengar seperti menggunakan tongkat pada seseorang. Mereka sama takutnya dengan saya. Roh Allah turun atas saya dan saya mulai berkhotbah. Tiga dari mereka lari, tetapi pria keempat menangis dan memohon agar saya mendoakannya. Saya bahkan tidak tahu apa yang harus saya doakan saat itu, tetapi hanya berkata: "Tuhan, mohon ampuni, lupakan, dan maafkan dia. Amin!" Dia menyerahkan hidupnya kepada Kristus, jadi saya membawanya ke gereja Pentakosta dan menjelaskan apa yang terjadi kepada Pendeta. Saya menyerahkannya kepada Pendeta dan pergi. Saat saya masuk ke rumah, pemilik rumah berlari keluar dan berlutut memohon, berkata: "Tolong maafkan saya. Saya pikir Anda memutuskan untuk melarikan diri ke Port Harcourt karena uang saya (N1.000)." Saya memaafkannya dan akhirnya kami sepakat bahwa uang itu akan dibayar secara bertahap. *[Komentar:* ***Yesaya 54:17 dalam tindakan. Tuhan mengubah serangan menjadi momen keselamatan; pengampunan menutup pintu bagi pembalasan.]***

Malam itu juga, sekitar pukul 2:00 pagi Tuhan membangunkan saya. Saya tidak tahu mengapa saya terbangun, jadi saya berjalan ke ruang tamu dan yang saya lihat adalah seekor kura-kura besar menghadap saya. Seketika saya teringat pelajaran Alkitab yang kami adakan di Port Harcourt, tentang kuasa firman. Kemudian saya mengucapkan kata-kata ini: "Kura-kura, sejak Aku lahir, rumah kura-kura adalah semak belukar atau laut, tetapi karena masuk ke rumah-Ku sementara jendela dan pintu terkunci, engkau telah berdosa, dan karena itu engkau harus mati." Begitu saya mengatakan ini, kura-kura itu menghilang. Saya kembali ke kamar dan tidur. Untuk kedua kalinya, saya terbangun dan mendengar suara di ruang tamu. Saya pergi dan di sana berdiri di hadapan saya seekor burung nasar yang tampak mengerikan. Saya mengulangi kata-kata yang sama dan begitu saya berkata: "Karena melakukan dosa ini, engkau harus mati, " burung nasar itu pun menghilang. Selama perjalanan ke Lagos ini, saya melihat kebaikan, kebesaran, dan kesetiaan Tuhan. *[Komentar:* ***Otoritas lisan yang selaras dengan Kitab Suci itu penting (Mat 4:10–11; Ayub 22:28).]***

Keesokan paginya, 29/9/85, saya naik bus mewah ke Port Harcourt. Sesampainya di Ore, bus menabrak pohon. Bus

rusak, tetapi tidak ada yang terluka. Sopir menarik bus kembali ke jalan dan saat melaju, bus mulai oleng dari satu sisi jalan ke sisi lainnya. Saya teringat ancaman NINA, jadi saya berdiri di dalam bus, berkhotbah kepada para penumpang dan menyimpulkan dengan berkata: "Kecelakaan ini terjadi karena saya. Tetapi mulai sekarang, tidak akan ada lagi kecelakaan sampai kita sampai di Port Harcourt, dalam nama Yesus!" Dan saya duduk. Bahkan, ketika saya duduk, saya heran dengan apa yang telah saya katakan. Dan memang demikianlah adanya. Kendaraan itu melaju dengan lancar ke Port Harcourt. Tidak ada lagi kecelakaan atau kerusakan. Kitab Suci dengan tepat mengatakan: "Sesungguhnya mereka akan berkumpul bersama, tetapi bukan karena Aku; barangsiapa yang berkumpul melawan engkau akan jatuh karena engkau" (Yesaya 54:15). Mereka (Ratu Pantai dan para agennya) berusaha, tetapi karena perkumpulan mereka bukan untuk Tuhan melainkan melawan Anak-Nya, mereka semua tersandung dan jatuh. "Apabila musuh datang seperti banjir, Roh Allah akan meninggikan panji-panji melawannya" (Yesaya 59:19). Aku memuliakan Allah karena Dia telah menunjukkan kekuatan-Nya untukku.
[Komentar: ***Pengakuan iman di bawah otoritas Kristus dapat menstabilkan krisis (Markus 11:23). Pujian terakhir menyegel kemenangan.]***

Panduan Lapangan: Berkembang Setelah Pembebasan

- **Bergabunglah:** Berkebunlah di gereja yang berlandaskan Firman dan Roh Kudus; carilah bimbingan.

- **Rutinitas: Membaca** Kitab Suci setiap hari + berdoa (diucapkan dengan lantang); berpuasa secara berkala.
- **Putus:** Tinggalkan semua perjanjian lama; hancurkan benda-benda gaib (Kisah Para Rasul 19:19).
- **Batasan:** Tidak ada kesepakatan rahasia; tidak ada kontak sama sekali dengan "teman" okultisme.
- **Perjuangan:** Gunakan pengakuan dosa, perjamuan kudus, dan doa perintah (Ef 6:10–18).
- **Berikan kesaksian:** Bagikan kesaksianmu dengan bijaksana; itu akan melucuti tuduhan (Wahyu 12:11).

Doa Perlindungan & Ketekunan

Tuhan Yesus, Engkau adalah Gembalaku. Aku mendengar suara-Mu dan mengikuti-Mu. Aku menolak setiap ancaman, tawar-menawar, dan intimidasi kegelapan. Kelilingi aku dengan api-Mu, utus malaikat-malaikat ke jalanku, dan teguhkan aku dalam Firman dan jemaat-Mu. Tidak ada senjata yang dibentuk melawan aku akan berhasil. Aku tinggal di tangan-Mu—sekarang dan selama-lamanya. Amin. *(Yohanes 10:27-28; Yesaya 54:17; Mazmur 91)*

Bab 7: Aktivitas Agen-Agen Setan

«Kenakanlah seluruh perlengkapan senjata Allah, supaya kamu dapat berdiri teguh melawan tipu daya iblis. Karena perjuangan kita bukanlah melawan darah dan daging, melainkan melawan penguasa-penguasa, melawan kekuatan-kekuatan, melawan penguasa-penguasa kegelapan dunia ini, melawan kejahatan roh-roh jahat di tempat-tempat tinggi.» — *Efesus 6:11-12*

Buku ini tidak akan lengkap jika berbagai cara kerja kekuatan-kekuatan ini tidak diungkapkan. Selain itu, penting juga untuk mengungkapkan berbagai bentuk manifestasi kekuatan-kekuatan tersebut.
[Komentar: ***Tujuan pengungkapan ini bukanlah untuk memuliakan kegelapan, tetapi untuk mempersenjatai orang percaya dengan kebijaksanaan (2 Korintus 2:11).]***

Satu hal yang jelas adalah, iblis akan mendorong Anda untuk percaya bahwa ia hanyalah mitos atau pikiran jahat belaka, atau akan membuat Anda lebih melihat kekuatannya dan kurang melihat kekuatan Allah. Sementara Alkitab berkata: "Perjuangan kita bukanlah melawan darah dan daging, melainkan melawan penguasa-penguasa, melawan kekuatan-kekuatan, melawan penguasa-penguasa kegelapan dunia ini, melawan kejahatan-kejahatan roh jahat di tempat-tempat tinggi," Alkitab juga mengatakan bahwa senjata orang Kristen melawan iblis dan para pengikutnya "bukanlah senjata duniawi, melainkan senjata yang ampuh dari Allah untuk meruntuhkan benteng-benteng, menghancurkan segala khayalan dan segala sesuatu yang meninggikan diri melawan pengetahuan Allah, dan menawan segala pikiran

untuk taat kepada Kristus" (2 Korintus 10:4-5).
[Komentar: ***Perjuangan orang Kristen bersifat rohani, diperjuangkan dengan kebenaran, ketaatan, dan otoritas Kristus—bukan ketakutan.]***

Sekali lagi, Kitab Suci dengan jelas menyatakan: "Untuk tujuan inilah Anak Allah dinyatakan, supaya Ia membinasakan pekerjaan-pekerjaan iblis" (1 Yohanes 3:8). Dan Yesus, setelah melucuti penguasa-penguasa dan kekuatan-kekuatan jahat, memperlihatkan mereka secara terang-terangan, menang atas mereka.
[Komentar: ***Kemenangan Kristus sudah sempurna; peperangan kita memperkuat pekerjaan-Nya yang telah selesai (Kolose 2:15).]***

"Engkau terjerat oleh perkataan mulutmu, engkau tertangkap oleh perkataan mulutmu" (Amsal 6:2) demikian firman Kitab Suci. Karena itu, anak Allah harus berhati-hati untuk mengakui Firman Allah, yang telah Allah janjikan akan Dia genapi dengan segera.
Ada tiga pengakuan yang dinyatakan dalam Firman Allah:

1. Pengakuan akan Ketuhanan Kristus.
2. Pengakuan iman dalam Firman, dalam Kristus, dan dalam Allah Bapa.
3. Pengakuan dosa.
   [Komentar: ***Pengakuan dosa bukan hanya tentang pertobatan—tetapi juga tentang keselarasan dengan kebenaran ilahi (Roma 10:9-10).]***

Ketika kita mendengar kata "pengakuan dosa," kita dengan mudah berpikir tentang dosa. Definisi pengakuan dosa dalam kamus adalah:

1. Menegaskan sesuatu yang kita yakini.
2. Memberikan kesaksian tentang sesuatu yang kita ketahui.
3. Kesaksian tentang kebenaran yang telah kita terima. Oleh karena itu, patut disesalkan bahwa setiap kali kita menggunakan kata pengakuan, beberapa pikiran langsung tertuju pada dosa. Penulis di sini mendorong anak-anak Allah untuk mulai hari ini mengakui apa yang telah Allah firmankan. Kamu yang dahulu mati karena pelanggaran, Allah telah menghidupkanmu bersama-sama dengan Kristus, dan Ia telah membangkitkanmu bersama-sama dan mendudukkanmu di tempat-tempat surgawi (jauh di atas penguasa dan kekuatan) di dalam Kristus Yesus. Oleh karena itu, orang Kristen harus menyadari di mana mereka duduk. Mereka harus tahu bahwa mereka beroperasi dari ketinggian itu, di atas Setan dan para pengikutnya.
   [Komentar: ***Peperangan orang percaya dimulai dari*** **kemenangan di atas ,** ***bukan perjuangan di bawah (Ef 2:6).]***

Tuhan Yesus Kristus telah memberikan kepadamu segala kuasa dan wewenang, sama seperti Ia telah memberikan kepadamu segala sesuatu yang berkaitan dengan hidup dan kesalehan (2 Petrus 1:3). Allah tidak pernah bermaksud agar keadaan mengendalikan anak-anak-Nya, melainkan agar Firman Allah yang diucapkan oleh orang Kristen mengendalikan keadaan mereka. Allah berfirman dalam Yeremia 23:29: “Bukankah firman-Ku seperti api, firman Tuhan, dan seperti palu yang menghancurkan batu?” Orang Kristen, maksud saya orang Kristen yang telah lahir baru, harus menyadari bahwa ketika nama Yesus diucapkan, apa yang keluar dari mulut mereka adalah api.

[*Komentar:* ***Yeremia 23:29 mengungkapkan kekuatan ucapan kenabian—Firman itu sendiri memiliki kekuatan.]***

Ketika seorang Kristen berdiri di atas otoritas yang diberikan kepadanya oleh Kristus dan memberi perintah dalam nama Yesus , api keluar dari mulutnya dan setiap iblis yang mengendalikan keadaan harus taat. Yesus hidup hari ini untuk memastikan bahwa setiap firman-Nya tergenapi. Sekali lagi, saya ingin menyoroti fakta penting yang diabaikan banyak orang Kristen, dan yang digunakan Setan.
Yesus, setelah Petrus menunjukkan kepada-Nya pohon ara kering yang dikutuk oleh Tuhan, berkata:

(Catatan Matius)
"Sesungguhnya Aku berkata kepadamu: Jika kamu beriman dan tidak ragu, maka bukan hanya pohon ara ini yang akan tumbuh, tetapi juga gunung ini yang akan dipindahkan dan dilemparkan ke laut, maka akan terjadi. Dan segala sesuatu yang kamu minta dalam doa dengan percaya, akan kamu terima" (Mat 21:21-22).

(Catatan Markus)
"Percayalah kepada Allah. Karena sesungguhnya Aku berkata kepadamu: Barangsiapa berkata kepada gunung ini: Pindah dan terlemparlah ke laut, dan tidak ragu dalam hatinya, tetapi percaya bahwa apa yang dikatakannya itu akan terjadi, maka apa yang dikatakannya itu akan terjadi." (Markus 11:22-23).

Di sini Tuhan menunjukkan kepada kita kekuatan kata-kata yang diucapkan dan juga mendorong orang Kristen untuk lebih spesifik dalam doanya dan dalam menggunakan otoritasnya. Beberapa orang Kristen meminta gunung

untuk bergeser tetapi tidak memberi tahu gunung itu KE MANA harus pergi. Yesus berkata, jika kamu berkata kepada gunung: "Berpindahlah dan lemparkanlah dirimu ke laut..."
[*Komentar:* ***Ketepatan dalam doa dan otoritas itu penting—Yesus memberi teladan kekhususan.]***

Mari kita ambil contoh pengusiran setan. Beberapa orang Kristen mengikat dan mengusir setan tanpa mengirimnya ke tujuan tertentu. Ini berbahaya. Ketika Anda mengikat setan , ia akan tetap terikat. Jika Anda mengusirnya tanpa mengirimnya ke tujuan tertentu, ia akan tetap berada di sekitar Anda. Jika setan hanya diusir dari seseorang, ia mungkin akan kembali lagi atau masuk ke siapa pun di sekitar Anda yang bukan orang Kristen. Oleh karena itu, orang Kristen harus berhati-hati ketika berurusan dengan setan. Pastikan setan diikat, diusir, dan dikirim ke tujuan tertentu (dan dilarang untuk masuk lagi).
[*Komentar:* ***Pembebasan harus dilakukan di bawah tuntunan Roh, bukan formula; otoritas + kebijaksanaan.]***

Beberapa orang Kristen saat berdoa akan berkata: "Aku menangkap kalian, setan-setan, dalam nama Yesus." Di dunia roh, Anda benar-benar melihat setan-setan berdiri tegak menunggu perintah selanjutnya. Tetapi jika orang Kristen berhenti pada titik itu, dia belum membantu korban. Jangan bermain-main dengan iblis. Anda tidak bermain-main dengan musuh Anda. Tuhan telah mengutus Anda untuk pelayanan pembebasan dan pendamaian (mendamaikan manusia dengan Tuhan). Karena itu, Anda harus berhati-hati untuk melakukan pekerjaan yang menyeluruh.
[*Komentar:* ***Otoritas spiritual harus disertai dengan***

penyelesaian—ketaatan setengah-setengah meninggalkan celah.]

Saya ulangi, ketika Anda mengikat setan, ia akan terikat. Ketika Anda mengusirnya ke tempat tujuan mana pun, maka ia akan tetap di sana. Selama Anda tidak terlibat dalam dosa tetapi hidup dalam kehendak Tuhan, perintah apa pun yang Anda berikan kepada iblis atau agen-agennya dalam nama Yesus harus ditaati. Tuhan telah berjanji untuk mendukung setiap firman-Nya. Saat kita melanjutkan ke fase berikutnya, manifestasi Setan dan agen-agennya, saya ingin Anda mengingat ayat-ayat berikut ini:

1. "Kamu sempurna di dalam Dia yang adalah kepala segala penguasa dan kekuatan" (Kolose 2:10).
2. "Lihatlah, Aku memberikan kepadamu kuasa (otoritas) untuk menginjak ular dan kalajengking, dan atas segala kuasa musuh, dan tidak ada sesuatu pun yang dapat membahayakan kamu." (Lukas 10:19)
3. "Lihatlah, mereka pasti akan berkumpul, tetapi bukan karena Aku. Barangsiapa berkumpul melawan engkau, ia akan jatuh karena engkau. Tidak ada senjata yang dibentuk melawan engkau yang akan berhasil; dan setiap lidah yang bangkit melawan engkau dalam penghakiman akan engkau kutuk. Inilah warisan hamba-hamba Tuhan, dan kebenaran mereka berasal dari-Ku."
   [Komentar: ***Ketiga ayat ini membentuk kredo peperangan harian orang percaya—identitas, otoritas, dan perlindungan.]***

Saya ingin menunjukkan kepada Anda dalam buku ini bahwa kekuatan jahat ini beroperasi terutama di gereja, pasar, pemakaman, hutan, hotel, laut, dan udara.

Di dalam Gereja-gereja

Kita menjadi saksi hari ini bahwa ada banyak orang yang kerasukan di gereja-gereja. Beberapa berbicara dalam bahasa roh dan bahkan bernubuat. Hanya mereka yang memiliki Roh Allah yang dapat membedakan orang-orang ini. Tetapi kita di sini membahas agen-agen Setan di gereja-gereja. Sekali lagi, kita tidak membahas anggota sekte rahasia yang ada di gereja-gereja (beberapa bahkan pemimpinnya), kita tahu mereka ada di sana. Yang saya bicarakan adalah mereka yang datang sebagai agen Setan:

1. Untuk menimbulkan pertengkaran dan kebingungan di gereja-gereja.
2. Untuk menyebarkan gereja-gereja.
3. Untuk membuat pria dan wanita tertidur saat khotbah berlangsung.
4. Untuk menimbulkan berbagai macam gangguan saat layanan sedang berlangsung.
5. Untuk memenangkan jiwa bagi Setan.
   [Komentar: ***Kebijaksanaan dan kekudusan melindungi jemaat lebih daripada kebisingan atau kecurigaan. 1 Yohanes 4:1-4.]***

Karena saya sudah mengatakan beberapa hal di atas dalam bab tiga, saya hanya akan memberikan kesaksian tentang apa yang terjadi baru-baru ini. Orang Kristen harus menaati setiap firman Tuhan Yesus Kristus, karena ketika mereka tidak taat atau berkompromi, mereka cenderung jatuh pada upaya sekecil apa pun dari Setan atau agen-agennya. Orang Kristen telah dipanggil keluar dari kegelapan menuju terang Allah yang menakjubkan. Orang Kristen telah dipanggil untuk sepenuhnya terpisah dari dunia dan apa yang ditawarkannya. "Keluarlah dari antara mereka dan pisahkanlah dirimu," (2 Korintus 6:17) firman Kitab Suci.

(Kesaksian Saudari J)
Ada seorang saudari, Saudari J (nama dirahasiakan). Ia telah lahir baru dan merupakan anggota penuh dari salah satu gereja yang 'hidup'. Kemudian ia memindahkan keanggotaannya ke denominasi saya. Ia ikut serta dalam semua kegiatan di gereja dan sangat aktif di dalamnya. Tetapi pada suatu titik, karakternya menjadi mencurigakan. Jadi beberapa dari kami memutuskan untuk mengunjunginya di rumahnya dan mencari tahu apa yang sebenarnya salah dengannya. Saat mewawancarainya, roh-roh jahat di dalam dirinya terprovokasi dan mulai bermanifestasi, lalu memberi tahu kami bahwa ia adalah agen mereka di gereja. Setan-setan itu diusir darinya dan pembebasan diberikan kepadanya. "Saudari, bagaimana mungkin Anda menjadi agen Setan, namun juga anggota penuh gereja?" tanya kami.
Berikut adalah apa yang ia ceritakan kepada kami:

Semuanya berawal suatu hari, setelah kebaktian Minggu, seorang 'saudari' (wanita percaya kepada Kristus, begitu pikirnya) datang kepadanya dan menyatakan keinginannya untuk dekat dengannya karena, menurut 'saudari' ini, ia mengagumi kehidupan Kristen saudari J. Saudari J menerima persahabatan itu tanpa ragu. Keduanya pergi ke rumah saudari J dan yang disebut 'saudari' itu mengeluarkan pisang dan kacang tanah, yang mereka

berdua makan. Ia tinggal bersama Saudari J untuk sementara waktu dan kemudian pergi. Kunjungannya menjadi rutin, dan setiap kunjungan ia membawa hadiah untuk saudari J. Hadiah-hadiah itu beragam, mulai dari gaun, sepatu, uang, dan lain-lain. Pada beberapa kesempatan, teman saudari J akan datang bersama banyak gadis lain. Hal ini berlanjut selama beberapa waktu dan ketika 'saudari' itu melihat bahwa ia telah berhasil memadamkan terang Kristus dalam diri Saudari J, ia berubah dan mulai mengunjungi Saudari J dalam roh. Saudari J kemudian diberi kain merah, batu air, cincin untuk jari kaki kanannya, dan rantai untuk pergelangan kakinya. Karena ia telah makan begitu banyak bersama mereka dan telah menerima begitu banyak dari mereka, tidak ada kesempatan untuk berbalik. Ia membuat perjanjian dengan mereka dan mulai menghadiri pertemuan mereka. Ia dapat berubah menjadi ular, kelelawar, dll. Kemudian ia menjadi agen mereka untuk memenangkan jiwa-jiwa bagi mereka di gereja.
Puji Tuhan, ia sekarang telah dibebaskan! Semua karunia yang diberikan kepadanya telah dihancurkan dan ia sekarang bahagia kembali di dalam Tuhan.
[Komentar: ***Kesaksian ini menggarisbawahi 1 Korintus 15:33 — " pergaulan yang buruk merusak akhlak yang baik." Perpindahan rohani dapat terjadi melalui pergaulan yang ceroboh.]***

Pembaca yang terhormat, semuanya berawal dari persahabatan yang tidak biasa, dan karena Saudari J kurang memiliki roh kebijaksanaan dan tidak waspada seperti yang diperintahkan Tuhan, "berjaga-jagalah dan berdoalah supaya kamu jangan jatuh ke dalam pencobaan," (Markus 14:38) ia tersesat dan jatuh ke tangan musuh, dan hidupnya bisa saja berakhir di neraka karena kecerobohannya.

Anda dapat dengan mudah mengidentifikasi agen-agen Setan dengan cara berikut:

- Mereka mengenakan cincin di salah satu jempol kaki, rantai di pergelangan kaki, tindik hidung, gelang yang tidak biasa, dan lain sebagainya.
- Mereka bisa masuk ke gereja atau persekutuan dan sangat bersemangat dalam kegiatan kelompok atau gereja, hanya karena satu orang Kristen yang mereka incar.
  Beberapa berperilaku tidak normal, yang lain jahat, dan sebagainya. Itulah mengapa anak Tuhan harus meminta roh kebijaksanaan kepada Tuhan, agar ia dapat mengenali mereka sekilas. Saat mereka tahu Anda telah mengenali mereka, mereka akan memastikan untuk tidak mendekati Anda. Alasannya adalah karena tuan mereka akan memperingatkan mereka tentang Anda!

Di Pasar

Mereka beroperasi dalam berbagai bentuk di pasar. Pasar adalah salah satu area operasi utama mereka, sama seperti hotel tempat mereka menunggu mangsa. Di pasar, mereka memilih korban, beberapa wanita hamil yang mengalami keguguran agar mereka bisa mendapatkan darah untuk bank darah mereka. Beberapa korban akan mereka temani ke tempat tinggal mereka untuk mengunjungi mereka di malam hari.

[*Komentar:* ***Perlindungan orang percaya adalah darah Yesus, bukan paranoia—berjalanlah dalam kemurnian dan keberanian (Mazmur 91).]***

Ini terjadi pada orang-orang yang tidak percaya! Beberapa produk mewah yang dijual di pasaran, misalnya kalung, lipstik, parfum, dan makanan seperti sarden "Queen of the Coast", dll., memiliki asal-usul yang aneh.
Ada beberapa tindakan yang harus diwaspadai oleh orang Kristen, karena Anda mungkin melihat seorang wanita atau mungkin seorang pria yang tiba-tiba menyentuh perut Anda atau bagian tubuh Anda lainnya. Hal itu menyebabkan penyakit. Oleh karena itu, orang Kristen, ketika mengalami hal ini, harus memberikan perintah dalam nama Yesus, menghancurkan atau membatalkan rencana iblis, dll. Dan sesungguhnya apa pun yang Anda hancurkan atau ikat di bumi ini akan menjadi demikian. (Mat 16:19, Mat 18:18)
[*Komentar:* ***Tanggapan kuncinya bukanlah rasa takut tetapi pernyataan: gunakan mulut Anda untuk menegakkan batasan ilahi.]***

Kegiatan Budaya

Penting juga untuk dicatat bahwa banyak orang diinisiasi ke dalam aktivitas Setan atau dirasuki melalui sebagian besar upacara dan tarian budaya ini. Sebagian besar budaya kita berorientasi pada setan. Beberapa melalui teman, yang lain melalui membaca pamflet atau novel. Setan berkeliaran di sekitar setiap berhala. Mereka berfungsi melalui berhala dalam praktik penyembahan berhala (Zakharia 10:2). Sebagai bagian pasti dari agama, penyembahan berhala mengaitkan kekuatan ilahi kepada kekuatan alam dan

memberikan penghormatan ilahi kepada objek ciptaan (Roma 1:18-22). Kitab Suci mendefinisikan penyembahan berhala sebagai perzinahan rohani (Yeremia 3:8-10). Oleh karena itu, seorang anak Allah seharusnya tidak memiliki hubungan apa pun, secara langsung atau tidak langsung, dengan penyembahan berhala.
Musik yang disebut high life, juju, dan disko diilhami oleh Setan dan iblis-iblisnya.
[Komentar: ***Budaya harus disaring melalui kekuasaan Kristus, bukan ditolak secara keseluruhan—tetapi semua penyembahan berhala harus ditolak.]***

Saya ingat, sebelum Tuhan menyelamatkan saya, dalam salah satu pertemuan kami dengan Setan, dia berkata: "Dunia ini milikku dan aku akan menguasai seluruh dunia dengan kekuatanku, dan akan menghancurkan semua orang yang percaya kepada nama Yang Maha Benar." Setan tidak menyebut nama Yesus. Jika ada yang melakukannya di hadapannya, dia berisiko kehilangan nyawanya. Dia berjanji akan menjadikan kita sebagai agen, gubernur, dan lain-lainnya. Setan adalah pendusta dan memang bapak segala dusta.
Ada juga rencana untuk membungkam orang Kristen di Nigeria dengan membatasi impor Alkitab dan literatur Kristen. Dia beroperasi melalui orang-orang yang tidak percaya di posisi kepemimpinan dan otoritas, untuk memulai kebijakan dan program anti-Kristen. Dia mendirikan pusat-pusat penyembuhan yang tampak sangat religius dan melalui mereka mengklaim jiwa-jiwa. Pusat-pusat ini biasanya disebut rumah penyembuhan spiritual ada di sekitar kita. Di sini banyak keajaiban palsu dilakukan untuk menipu klien mereka.
[Komentar: ***Tanda-tanda palsu dan spiritualitas palsu adalah tiruan iblis—ujilah setiap roh (1 Yohanes 4:1).]***

Setan sangat menyadari kedatangan Yesus Kristus yang kedua dan terus-menerus mendesak para agennya untuk bergegas dan bersemangat dalam operasi mereka, selalu berkata: "Kita tidak punya waktu lagi." Anak Allah yang terkasih, Setan tidak tidur, mengapa kamu harus tidur? [*Komentar:* ***Roma 13:11 —" Sudah saatnya untuk bangun dari tidur." Urgensi itu nyata, tetapi kemenangan Allah juga nyata.]***

Refleksi: Berdiri Teguh dalam Peperangan Rohani

Kenali: Kejahatan itu nyata, tetapi Kristus lebih besar (1 Yohanes 4:4).
Lawan: Tetaplah tunduk kepada Allah; lawanlah iblis, maka ia akan lari (Yakobus 4:7).
Perbarui: Penuhi mulutmu dengan Kitab Suci dan penyembahan, bukan ketakutan.
Berhubungan: Tetaplah berakar dalam persekutuan yang dipimpin Roh dan di bawah otoritas ilahi.
Singkapkan: Gunakan kebijaksanaan; singkapkan kegelapan dengan terang, bukan tuduhan.
Beristirahatlah: Hiduplah dari posisi dudukmu di dalam Kristus—jauh di atas segala kuasa.

Doa Perlindungan dan Kebijaksanaan

Tuhan Yesus Kristus, Engkau telah menaklukkan penguasa dan kekuatan.

Kenakanlah aku setiap hari perlengkapan senjata-Mu—ikat pinggang kebenaran, baju zirah kebenaran, perisai iman, helm keselamatan, dan pedang Roh. Ajarlah aku untuk berdiri teguh, untuk membedakan setiap kepalsuan, dan untuk menggunakan otoritasku dalam kasih dan kerendahan hati. Bangkitkanlah aku untuk berdoa, berjaga-jaga, dan bersinar sebagai terang di tengah kegelapan. Dalam nama-Mu, setiap lidah tipu daya dibungkam, setiap perangkap tersingkap, dan setiap kuasa kegelapan dihancurkan. Aku tersembunyi bersama Kristus di dalam Allah—tak tergoyahkan dan menang. Amin.
(Efesus 6:10-18; Kolose 2:15; Mazmur 91)

Bab 8: Senjata Orang Beriman

(Nama Yesus · Darah Yesus · Firman Tuhan · Pujian Kristen)

«Akhirnya, saudara-saudara, jadilah kuat dalam Tuhan dan dalam kuasa kekuatan-Nya. Kenakanlah seluruh perlengkapan senjata Allah, supaya kamu dapat berdiri teguh melawan tipu daya iblis .» — *Efesus 6:10-11*

«Dan mereka mengalahkan dia oleh darah Anak Domba dan oleh perkataan kesaksian mereka...» — *Wahyu 12:11*

Saya sudah banyak membahas hal ini sebelumnya, tetapi izinkan saya memberikan beberapa contoh. Sadarilah bahwa ada KUASA dalam nama Yesus! Ada Kuasa dalam Darah Yesus!

Kitab Suci berkata:

"Dan dalam keadaan-Nya sebagai manusia, Ia telah merendahkan diri-Nya dan taat sampai mati, bahkan sampai mati di kayu salib. Karena itulah Allah meninggikan Dia dan memberikan kepada-Nya nama yang di atas segala nama, supaya setiap orang berlutut di dalam nama Yesus, baik yang di surga, yang di bumi, maupun yang di bawah bumi, dan supaya setiap lidah mengaku bahwa Yesus Kristus adalah Tuhan, untuk kemuliaan Allah Bapa." (Filipi 2:8-11)

Sekali lagi, Kitab Suci berkata:

"Dan mereka mengalahkan dia oleh darah Anak Domba dan oleh perkataan kesaksian mereka." (Wahyu 12:11)

Biarlah nama "Yesus" selalu ada di bibirmu! Kedua hal ini, nama dan darah-Nya, menghancurkan rencana Setan, dan bahkan memusnahkan strategi Setan dan para pengikutnya.
[*Komentar:* ***Nama Yesus bukanlah sebuah rumus—melainkan otoritas yang diberikan. Darah-Nya bukanlah takhayul—melainkan perlindungan perjanjian. Bersama-sama, keduanya menegakkan penebusan.]***

Kuasa dalam Pujian

Kedua, Anda harus belajar untuk selalu menyanyikan pujian kepada Tuhan. Ada kuasa dalam pujian.

Ada seorang Pendeta — Pendeta IK (nama dirahasiakan). Beliau melayani di sebuah gereja di Ebute Metta. Beliau menjadi target saya dan pelanggarannya adalah:

1. Dia mengganggu kedamaian kami dengan melakukan kunjungan pagi-pagi sekali, yaitu berkhotbah di dini hari.
2. Dia berkeliling dengan megafonnya dan menempatkan dirinya di halte bus nomor 2 di sepanjang Jalan Akintola, Ebute Metta. Di sana dia akan berkhotbah. Dia tidak akan berhenti sampai di situ, tetapi akan terus mengikat setan, dan sebagainya.
3. Di gerejanya, ia berkhotbah, mengungkap perbuatan kegelapan, setelah itu ia mulai mengikat setan.
4. Dia banyak berdoa.

5. Dia selalu bernyanyi dan memuji Tuhan.
   [Komentar: ***Pujian bukanlah sekadar pengisi waktu—melainkan peperangan rohani. Mazmur 149 mengatakan pujian mengikat raja-raja dengan rantai.]***

Aku mengirim utusanku kepadanya tetapi mereka tidak bisa membunuhnya, jadi aku memutuskan untuk melaksanakan misi itu sendiri. Pada hari itu, aku melihatnya berjalan di sepanjang GRA yang baru.

Satu hal yang perlu disebutkan di sini tentang Pendeta ini adalah: setiap kali kami menghampirinya, kami akan melihat pilar-pilar awan di sisi kanan dan kirinya, berjalan bersamanya, sehingga hal itu menghalangi kami. Tetapi pada hari itu saya tidak melihat apa pun, jadi saya semakin yakin misi saya akan sangat berhasil.

Aku memerintahkan hujan turun agar aku bisa menyambarnya dengan guntur. Hujan mulai turun dan guntur pun bergemuruh. Semua pohon di daerah itu mulai kehilangan rantingnya, tetapi Pendeta itu bernyanyi dengan gembira. Aku masih ingat bait lagunya:

“Dalam nama Yesus setiap lutut akan berlutut.”

Saat ia melanjutkan nyanyian itu, hujan berhenti, guntur pun reda. Seketika muncul dua malaikat, satu di setiap sisi, dengan pedang berapi. Mata dan pedang mereka seperti nyala api. Kemudian angin kencang menerbangkan saya dan saya mendapati diri saya berada di kota lain! Sejujurnya saya bingung, tetapi karena kami begitu tabah, yang saya katakan adalah: "Orang ini telah melarikan diri lagi!"

Pendeta itu tidak mengetahui peperangan rohani yang terjadi demi dirinya. Jadi, Anda bisa lihat, anak Tuhan terlindungi dengan baik. Ketika Alkitab berkata: *"Tidak ada sesuatu pun yang dapat membahayakanmu,"* itu berarti memang demikian adanya!
[Komentar: ***Pujian mengundang hadirat ilahi—Mazmur 22:3. Di mana Allah berdiam, kegelapan lenyap.]***

Kekuatan Darah

Kesaksian kedua adalah tentang seorang Kristen yang naik taksi yang sama dengan saya. Dia sangat bersemangat dan mulai membagikan selebaran Injil di dalam taksi. Ketika dia memberi saya selebaran itu , saya menolaknya. Dia mulai berkhotbah. Jadi saya merasa terganggu dan memukulnya dengan cincin di jari saya. Itu untuk membunuhnya.

Anak laki-laki itu berteriak: "Darah Yesus!" Seketika itu juga kilat, api, dan seorang malaikat muncul. Angin kencang kembali menerbangkan saya dengan kekuatan besar dari taksi dan membawa saya ke dalam hutan lebat. Seandainya saya bukan seorang pria yang didukung oleh kekuatan jahat, saya mungkin akan tersesat di hutan. Orang Kristen itu tidak mengetahui peperangan yang terjadi atas namanya. Yang dia ketahui, termasuk penumpang lain, hanyalah bahwa saya telah menghilang dari taksi!
[Komentar: ***Darah masih berbicara (Ibrani 12:24). Tanggapan cepat setiap orang percaya —*** **" Darah Yesus!"** ***— mengaktifkan pertahanan surga.]***

Nama Yesus atau Darah Yesus di mulut orang percaya memancarkan api, dan sebagainya. Kitab Suci mengatakan:

"Nama Tuhan adalah menara yang kuat; orang benar berlindung di dalamnya, dan ia aman." (Amsal 18:10)

Pembaca yang terkasih, jika Anda adalah anak Allah, ingatlah bahwa Allah telah meninggikan firman-Nya di atas segala nama-Nya (Mazmur 138:2). Karena itu, akui Firman (Firman Allah) dengan percaya bahwa apa yang Anda katakan akan terjadi, dan memang akan terjadi. Itulah janji Allah!
[Komentar: ***Firman memberi suara kepada darah dan kuasa kepada Nama. Ketiganya—Firman, Darah, Nama—membentuk triad kemenangan orang percaya.]***

Sekali lagi saya ingin menyebutkan di sini bahwa Anda hanya dapat mengakui apa yang Anda ketahui. Kitab Suci memerintahkan kita untuk bersukacita dalam Firman Allah, merenungkannya siang dan malam. (Mazmur 1:2) Agar Anda dapat membagi Firman Kebenaran dengan benar, Anda harus mengetahuinya.

"Biarlah firman Kristus berdiam dalam kamu dengan limpah dan dalam segala hikmat." (Kolose 3:16)
"Berbahagialah orang yang tidak berjalan menurut nasihat orang fasik, tidak berdiri di jalan orang berdosa, dan tidak duduk di tempat orang yang mengejek. Tetapi kesukaannya adalah hukum Tuhan, dan ia merenungkan hukum-Nya siang dan malam. Ia akan seperti pohon yang ditanam di tepi sungai, yang menghasilkan buah pada musimnya; daunnya tidak akan layu; dan apa pun yang dilakukannya akan berhasil." (Mazmur 1:1-3)

Dekatkan diri pada Alkitabmu; berdoalah tanpa henti; miliki hati yang bernyanyi dan berdirilah teguh, menggunakan otoritas yang diberikan kepadamu oleh Tuhan Yesus

Kristus!
[Komentar: ***Pengetahuan mendorong otoritas. Hati yang bernyanyi mempertahankan kemenangan. Ini bukan ritual—ini adalah hubungan.]***

Refleksi: Senjata Empat Kali Lipat dari Orang yang Ditebus

1. Nama: Nyatakanlah—Yesus adalah Tuhan atas segala keadaan (Filipi 2:9-11).
2. Darah: Terapkanlah—perisai perjanjianmu terhadap tuduhan dan bahaya (Wahyu 12:11).
3. Firman: Ucapkanlah—pedang Rohmu dan panji kebenaran (Efesus 6:17).
4. Pujian: Hiduplah sesuai dengan itu—panji kemenanganmu yang menarik hadirat Allah (Mazmur 149:6-9).

Berlatih Setiap Hari:

- Mulailah setiap pagi dengan mengakui Firman Tuhan.
- Mohonkan perlindungan darah Kristus untuk keluargamu.
- Berpujilah sebelum memohon.
- Gunakan Nama itu dengan otoritas, bukan dengan rasa takut.

Doa Kekuasaan dan Pujian

Tuhan Yesus, Nama-Mu di atas segala nama.
Darah-Mu berbicara hal-hal yang lebih baik daripada darah Habel. Firman-Mu adalah hidup, terang, dan api di mulutku. Hari ini aku mengenakan kemenangan-Mu. Biarlah setiap rencana kegelapan hancur berantakan; setiap lidah tuduhan dibungkam. Ajari aku untuk menggunakan pedang Roh dan untuk hidup dalam nyanyian pujian. Aku menang oleh Darah-Mu, Firman-Mu, dan Nama-Mu. Terima kasih atas malaikat-malaikat yang bertugas dan damai sejahtera yang melampaui pengertian. Aku tersembunyi di dalam Engkau, menang selamanya. Amin.
(Filipi 2:9-11; Wahyu 12:11; Efesus 6:10-18; Mazmur 149)

Bab 9: Lalu Apa Selanjutnya?

« *Roh dan mempelai perempuan berkata: "Datanglah!" Dan barangsiapa mendengar, hendaklah ia berkata: "Datanglah!" Barangsiapa haus, hendaklah ia datang; dan barangsiapa mau, hendaklah ia mengambil air hidup yang diberikan cuma-cuma.* » — **Wahyu 22:17**

Setelah membaca kesaksian ini, Anda tidak memerlukan khotbah lebih lanjut untuk menyerahkan hidup Anda kepada Yesus Kristus. Kitab Suci berkata: "Pencuri (Setan) datang bukan untuk tujuan lain, melainkan untuk mencuri, membunuh, dan membinasakan. Akulah (Yesus Kristus) yang datang supaya kamu mempunyai hidup, dan mempunyai hidup yang lebih banyak" (Yohanes 10:10).

[**Catatan Editor:]** ***Kontras ini disengaja: Setan mencuri/menghancurkan; Yesus memberikan hidup—*** **sekarang** ***dan*** **selamanya .*]***

Setan membencimu dan telah merancang berbagai cara untuk membawamu ke neraka bersamanya. Itu, dapat kamu saksikan dari kesaksian ini. Jika Setan membuat janji kepadamu atau bahkan memberimu hadiah, ketahuilah bahwa itu bermaksud jahat. Setan adalah pendusta dan bapak segala dusta. (Yohanes 8:44) Allah menyebutnya musuhmu, mengapa tidak percaya kepada Allah dan Firman-Nya?

[**Catatan Editor:]** ***Setiap "karunia" dari kegelapan adalah jebakan dengan rantai tersembunyi. Kebebasan hanya ditemukan di dalam Kristus.]***

Bukan kebetulan Anda menemukan kesaksian ini. Periksalah diri Anda dan pastikan Anda berada di dalam

Kristus. Anda hanya akan berhasil menipu diri sendiri jika Anda memilih untuk tetap menjadi 'jemaat gereja' dan yang terburuk, jika Anda masih memutuskan untuk bersikap acuh tak acuh terhadap keputusan terpenting dalam hidup Anda ini.

[**Catatan Editor:]** ***Ini lebih dari sekadar kehadiran; ini tentang kesetiaan. Yesus tidak mengundang penggemar—Dia memanggil murid-murid-Nya.]***

Kami memohon kepada Anda atas nama Kristus: Berdamailah dengan Allah. Jika Anda belum diselamatkan, artinya jika menurut Firman Allah Anda belum menerima Tuhan Yesus Kristus sebagai Tuhan dan Juruselamat Pribadi Anda, dan kemudian mengikuti baptisan air dengan cara menyelam, kami mendorong Anda untuk melakukannya tanpa menunda.

Besok mungkin sudah terlambat.
(Ibrani 3:15)

Refleksi: Jawab Panggilan Itu—Sekarang Juga

- **Kasih karunia hadir:** Jika Anda merasakan keyakinan, *itu adalah* Roh Kudus yang mengundang Anda (Yohanes 16:8,13).
- **Netral bukanlah pilihan yang aman:** Penundaan adalah sebuah keputusan; penangguhan memperkuat rantai lama.
- **Kristus sudah cukup:** Darah-Nya menghapuskan rasa bersalah, memutus perjanjian dengan

kegelapan, dan mengenakan hidup baru kepadamu (Kol. 1:13-14).

Doa Keselamatan (Jika Anda berpaling kepada Yesus sekarang)

Tuhan Yesus Kristus, aku datang kepada-Mu hari ini.
Aku percaya Engkau telah mati untuk dosa-dosaku dan bangkit dari kematian.
Aku mengaku Engkau sebagai Tuhan dan Juruselamatku.
Ampuni aku, sucikan aku dengan darah-Mu, dan berikanlah aku hati yang baru. Aku menolak Setan dan setiap perjanjian dengan kegelapan. Aku menerima Roh Kudus-Mu dan kuasa-Mu untuk hidup baru. Terima kasih karena Engkau telah menyelamatkanku. Amin.
(Yohanes 1:12; Roma 10:9-10; Kolose 1:13-14)

Doa Pelepasan dan Kebebasan (Jika Anda pernah memiliki hubungan dengan hal-hal gaib)

Dalam nama Yesus Kristus:
Aku menolak setiap perjanjian, sumpah, inisiasi, ritual, dan benda yang terkait dengan okultisme, sihir, spiritisme, kekuatan laut, perkumpulan rahasia, dan altar setan. Aku memutuskan setiap ikatan jiwa yang terbentuk melalui praktik-praktik ini. Aku membatalkan setiap dasar hukum yang diklaim oleh kegelapan melalui darah Yesus. Aku memerintahkan semua roh jahat untuk meninggalkanku

sekarang dan tidak pernah kembali. Aku mempersembahkan tubuh, jiwa, dan rohku hanya kepada Tuhan Yesus Kristus. Amin.
(Wahyu 12:11; Kolose 2:14-15; Lukas 10:19)

Lima Langkah Anda Selanjutnya

1. **Dibaptis dalam air (dengan cara menyelam)** — sebagai tindakan ketaatan dan identifikasi publik dengan Kristus (Kisah Para Rasul 2:38; Roma 6:3-4).
2. **Bergabunglah dengan Gereja Firman-Roh** — sebuah komunitas yang berpusat pada Kristus, yang memberitakan Alkitab, berdoa, dan memuridkan.
3. **Hancurkan benda-benda gaib** — buku, jimat, altar, cincin, pakaian; singkirkan dan bakar (Kisah Para Rasul 19:19).
4. **Mulailah Ritme Harian Sederhana** — Baca Alkitab (dengan lantang), doa, ibadah; catat dalam jurnal apa yang Tuhan tunjukkan kepada Anda.
5. **Beritahukan kepada seseorang** — bagikan kesaksianmu dengan bijak; itu memperkuat kebebasanmu dan membantu orang lain (Wahyu 12:11).

Panduan Lapangan: Berkembang Setelah Pembebasan

- **Bergabunglah:** Berkebunlah di gereja yang berlandaskan Firman dan Roh Kudus; carilah bimbingan.
- **Rutinitas: Membaca** Kitab Suci setiap hari + berdoa (diucapkan dengan lantang); berpuasa secara berkala.
- **Putus:** Tinggalkan perjanjian lama; hancurkan benda-benda gaib (Kisah Para Rasul 19:19).
- **Batasan:** Tidak ada kesepakatan rahasia; tidak ada kontak sama sekali dengan "teman" okultisme.
- **Perjuangan:** Gunakan pengakuan dosa, perjamuan kudus, dan doa perintah (Ef. 6:10–18).
- **Berikan kesaksian:** Bagikan kesaksianmu dengan bijaksana; itu akan melucuti tuduhan (Wahyu 12:11).

Doa Perlindungan & Ketekunan

Tuhan Yesus, Engkau adalah Gembalaku. Aku mendengar suara-Mu dan mengikuti-Mu.
Aku menolak setiap ancaman, tawar-menawar, dan intimidasi kegelapan. Kelilingi aku dengan api-Mu, utuskan malaikat-malaikat ke jalanku, dan teguhkan aku dalam Firman dan jemaat-Mu. Tidak ada senjata yang dibentuk melawan aku yang akan berhasil. Aku tinggal di tangan-Mu—sekarang dan selama-lamanya. Amin.
(Yohanes 10:27-28; Yesaya 54:17; Mazmur 91)

Program Pengenalan 40 Hari (Opsional, bagi pembaca yang menginginkan perjalanan terpandu)

Untuk format harian yang ringkas (setengah halaman per hari), lihat renungan pendamping yang telah kami sebutkan sebelumnya: ***Dari Kegelapan Menuju Kekuasaan: 40 Hari untuk Membebaskan Diri dari Cengkeraman Kegelapan yang Tersembunyi*** — buku ini menggabungkan Kitab Suci, wawasan singkat, dan doa-doa yang terfokus untuk kesadaran, pembebasan, dan kuasa.

Bagikan Kesaksian Anda / Minta Bantuan

Kami ingin berdiri bersama Anda. Bagikan apa yang telah Yesus lakukan atau mintalah nasihat di sini:
Bagikan kesaksian Anda atau hubungi kami:
https://www.otakada.org/contact-us-otakada/

Pertanyaan Pembaca, Percakapan Global & Sekolah Pembebasan

"Ketika Roh Kebenaran datang, Ia akan menuntun kamu kepada seluruh kebenaran." — Yohanes 16:13

Di seluruh dunia, kesaksian ini terus memicu pertanyaan dan wahyu di antara orang-orang percaya. Salah satu percakapan tersebut datang dari **Saudara Francesco** , seorang percaya di Italia. Kata-katanya mencerminkan kerinduan keluarga global yang terus berkembang yang menemukan bahwa peperangan rohani bukanlah teori tetapi kenyataan — dan bahwa Roh Kudus sedang membangkitkan para penjaga di tempat-tempat yang tak terduga.

Percakapan dengan Francesco (Italia)

Sebelum membaca kesaksian Pendeta Emmanuel Amos Eni, tulis Francesco, *saya mendapat penglihatan dan wahyu mengenai bagaimana Setan terorganisir — struktur komando dan kendali , berbagai tugas iblis, dan apa yang mendorong mereka. Saya tidak pernah berhubungan dengan Setan di masa lalu, begitu pula keluarga saya. Di Italia, orang Kristen jarang memiliki pengalaman seperti itu, dan sebagian besar dari kita tidak pernah membicarakan peperangan rohani. Seorang saudara seiman menyarankan saya untuk membaca buku Pendeta Eni — dan itu luar biasa! Semuanya tiba-tiba masuk akal. Saya menyadari ada dunia tak terlihat di sekitar kita. Saya tahu Setan ada, tetapi saya pikir dia jauh. Sekarang saya melihat operasinya dengan jelas.*

Jadi, izinkan saya bertanya:

1. *Mengapa seorang penganut agama sederhana seperti saya bisa menerima wahyu tentang Setan tanpa pernah terlibat dengannya?*
2. *Mengapa saya mendengar suara — yang jelas bukan suara Tuhan — yang memberi saya wahyu tentang bagaimana malaikat-malaikat yang jatuh diusir dari surga?*
3. *Mengapa suara yang sama menawarkan saya kekuatan untuk mewujudkan sesuatu?*
4. *Mengapa, setelah menolak tawaran-tawaran tersebut, saya malah mengalami kecelakaan dan patah kaki, yang mengakibatkan operasi dan tekanan pada keluarga saya?*

Pemuridan Melalui Dialog

Ketika Francesco menghubungi, Duta Besar **Monday O. Ogbe** dari *God's Eagle Ministries* menanggapi — bukan dengan jawaban cepat, tetapi dengan mengundangnya untuk berdialog dengan **Roh Kudus melalui Kitab Suci.**

"Roh Kudus akan selalu memberikan jawaban yang sesuai dengan apa yang terjadi di sekitar Anda," tulisnya. "Tugas utamanya adalah menuntun kita kepada seluruh kebenaran. Jadi sebelum saya menjawab Anda, saya ingin Anda merenungkan ayat-ayat ini — Yohanes 16:5–15 —

dan menuliskan apa yang Anda pelajari. Biarlah Roh Kudus, bukan logika, yang menuntun Anda."

Francesco setuju. Beberapa jam kemudian, dia membalas:

"Yesus sedang berbicara kepada murid-murid-Nya, memberi tahu mereka bahwa Ia akan segera pergi. Ia berjanji Roh Kudus akan datang untuk menjelaskan apa yang belum mereka pahami, untuk mengungkapkan peristiwa-peristiwa di masa depan, dan untuk memberdayakan mereka dengan pengetahuan dan kekuatan supranatural. Murid-murid akan memperoleh melalui Roh apa yang telah hilang akibat kepergian fisik-Nya."

Dialog berlanjut ketika Duta Besar Ogbe membimbingnya untuk mempelajari **Lukas 4:1–28** , **Kejadian 3** , **Kejadian 6** , dan **Wahyu 12** , dan memintanya untuk menuliskan apa yang telah diamatinya.

Francesco menjawab dengan setia, ayat demi ayat — menafsirkan pencobaan Kristus, kejatuhan Adam dan Hawa, ketaatan Nuh, dan banjir. Ia mencatat bagaimana ular memanipulasi akal, emosi, dan kehendak; bagaimana ketaatan melestarikan takdir; dan bagaimana bahkan penghakiman mengungkapkan belas kasihan Tuhan.

Kemudian dia mengakui bahwa dia tidak sepenuhnya memahami *Wahyu 12.* "Saya serahkan itu kepada Anda," tulisnya, "karena saya tidak menerima wahyu dari Roh Kudus tentang pasal itu."

Momen Pengajaran — Wahyu 12 dan Peperangan Rohani

Duta Besar Ogbe menjawab dengan pengajaran yang mendalam, membimbing Francesco melalui drama kosmik *Wahyu 12:*

"Bab ini menunjukkan konflik yang tak terlihat — perempuan, anak, dan naga. Perempuan itu melambangkan komunitas perjanjian Allah; anak itu, Yesus Kristus; dan naga itu, Setan, ular purba."

Perang di surga (ayat 7–9) menunjukkan bagaimana Setan dan malaikat-malaikatnya dikalahkan — bukan dengan senjata fisik tetapi dengan otoritas ilahi. Kemenangan Kristus di kayu salib melucuti senjata mereka, namun amarah mereka di bumi meningkat. Amarah naga itu sekarang menargetkan orang-orang percaya, tetapi ayat 11 memberi kita kunci kemenangan:

'Mereka mengalahkan dia oleh darah Anak Domba, oleh perkataan kesaksian mereka, dan mereka tidak mencintai hidup mereka sampai mati.'

Ini bukan simbol; ini adalah kenyataan bagi setiap orang Kristen. Setan menyerang melalui tipu daya, kesombongan, ketakutan, tuduhan, dan pengucilan. Tetapi pembelaan orang percaya adalah darah Yesus, pengakuan iman, dan penyerahan diri sepenuhnya.

Wahyu, godaan, serangan, dan pemulihan — inilah pola berulang dari pertumbuhan spiritual."

Menjawab Pertanyaan Francesco

"Saudara Francesco," lanjut Duta Besar Ogbe , "Anda telah bertindak benar dengan menolak suara yang menawarkan wahyu dan kuasa. Itu bukanlah Roh Kudus, melainkan roh penipu yang berusaha menjauhkan Anda dari ketergantungan kepada Kristus. Sama seperti Setan yang menggoda Hawa dan kemudian menggoda Yesus, ia sering mendekati orang percaya dengan tawaran jalan pintas rohani. Anda menolak—dan ketaatan itu membuat musuh marah."

Kecelakaan dan kesulitan yang terjadi kemudian kemungkinan besar adalah serangan balasan, bukan hukuman. Tetapi Tuhan mengizinkan ujian seperti itu untuk memperkuat kebijaksanaan dan wewenang. Anda sekarang sedang dilatih sebagai penjaga untuk Italia, di mana banyak orang masih percaya bahwa musuh itu jauh atau hanya simbolis.

Arahkan pandanganmu kepada Yesus, bukan kepada kegelapan. Ketika merasa gelisah, nyatakan dengan lantang:
'Aku milik Yesus Kristus. Darah Anak Domba melindungiku. Aku hanya menerima apa yang berasal dari Roh Kudus dan menolak setiap suara lain dalam nama Yesus.'

Luangkan lebih banyak waktu untuk beribadah daripada mengamati musuh. Wahyu diberikan bukan untuk menakut-nakuti Anda, tetapi untuk membangkitkan dan memperlengkapi Anda. Tuhan memilih Anda untuk menjadi perantara bagi bangsa Anda."

Akhirnya, Duta Besar Ogbe menantangnya untuk bertindak:

"Sekarang setelah kamu melihat realitas dunia yang tak terlihat, temukan cara untuk membagikan apa yang telah kamu terima — melalui tulisan, pengajaran, atau kesaksian — agar orang lain dapat dibebaskan seperti kamu. Kamu bukan lagi sekadar seorang pelajar; kamu sedang menjadi seorang pembebas."

Jawaban Francesco sederhana:

"Terima kasih, saudaraku. Aku akan menanggapi ini dengan serius."

Komitmen Francesco dan Doa Pengutusan

"Saya mengucapkan terima kasih yang sebesar-besarnya dari lubuk hati saya yang terdalam," tambahnya kemudian. *"Saya akan menambah waktu berdoa dalam bahasa roh; saya akan menuliskan setiap wahyu yang diberikan Roh Kudus dalam buku catatan saya; dan saya akan meminta Roh Kudus untuk memberi saya rematik setiap hari."*

Duta Besar Ogbe menjawab:

"Dan yang lebih penting lagi, pertimbangkan bagaimana wawasan ini akan berdampak pada generasi yang belum lahir — seperti kisah Emmanuel Eni. Tuhan tidak menunjukkan ini kepada Anda untuk disembunyikan, tetapi untuk dibagikan. Anda harus menjadi saksi bagi komunitas pencari kebenaran yang lebih besar di seluruh dunia."

'Dia akan menunjukkan padaku cara menyebarkannya,' jawab Francesco.

Duta Besar Ogbe membalas:

"Amin! Bolehkah saya berdoa bersama Anda sekarang?"

Dan dia melakukannya — sebuah doa yang menjangkau jauh melampaui Italia, kepada setiap orang percaya yang membaca kata-kata ini.

Doa Pengutusan

Bapa Surgawi,
kami mengucap syukur kepada-Mu atas hamba-Mu Francesco dan atas semua orang yang terbangun akan kebenaran-Mu di seluruh bangsa.
Terima kasih karena Engkau telah mengungkapkan realitas alam yang tak terlihat—bukan untuk menakut-nakuti, tetapi untuk memperlengkapi.
Kami menyegel setiap wahyu yang telah diterimanya di bawah darah Yesus Kristus.
Biarlah rohnya berlabuh dalam Firman-Mu, hatinya menyala-nyala dengan kasih-Mu, dan suaranya menjadi terompet kebenaran bagi generasinya.
Penuhi dia kembali dengan Roh Kudus.
Biarlah setiap lidah yang bangkit melawannya dibungkam; setiap rencana kegelapan yang melawan tujuannya digagalkan.
Jadikan dia, seperti Emmanuel Eni, saksi hidup dari kuasa penyelamatan-Mu—pembawa terang bagi mereka yang masih berjalan dalam bayang-bayang.

Bangkitkan banyak orang seperti dia di Italia, Eropa, dan di luar sana—pria dan wanita yang akan membawa api Injil tanpa takut.
Dan sekarang, Tuhan, saat kami mengucapkan "Amin" untuk doa ini, kami juga mendedikasikan setiap pembaca yang menggabungkan iman mereka dengan iman kami.
Semoga mereka berjalan dalam wahyu, menolak godaan, mengatasi serangan, dan hidup dalam pemulihan.
Dalam nama Yesus yang perkasa— ***Amin.***

Francesco menjawab dengan hangat:

"Amin!!! Tuhan memberkati Anda, Saudara Duta Besar Monday Ogbe , sesuai dengan rahmat-Nya yang tak terbatas!"

Dan balasannya pun datang:

"Amin dan amin. Tuhan memberkati Anda juga, Saudara Francesco. Silakan, kapan saja, hubungi saya jika ada pertanyaan atau apa pun yang Roh Kudus tanamkan di hati Anda. Saya telah berdoa agar lebih banyak wahyu datang — dan itu akan terjadi. Mulailah mencatatnya dalam jurnal Anda; mungkin sekarang belum sepenuhnya masuk akal, tetapi akan masuk akal pada waktu-Nya, dalam nama Yesus."

Mengapa Kita Membagikan Percakapan Ini

Pertemuan seperti ini menunjukkan seperti apa pemuridan modern itu—hidup, berhubungan, dipimpin Roh, dan global. Melalui percakapan seperti ini, Tuhan sedang membangkitkan generasi baru orang percaya yang mampu membedakan tipu daya musuh namun tetap berakar pada Kitab Suci dan kasih.

Dialog ini bukan hanya untuk Italia; ini untuk setiap pembaca yang bertanya-tanya, *"Bisakah Tuhan masih berbicara kepada orang biasa dewasa ini?"*

Ya—dan Dia masih menyampaikan, mengajar, dan mengutus melalui Roh Kebenaran yang sama.

Kisah Nyata Pembebasan Menuju Kekuasaan: Bukti Modern & Perjalanan 40 Hari

Pendahuluan – Kekuatan yang Sama, Masih Beraksi

Kisah Emmanuel Eni membuktikan bahwa kuasa Yesus Kristus untuk membebaskan dari kegelapan tidak memudar seiring waktu.
Dari Lagos hingga London, Nairobi hingga New York, pria dan wanita yang dulunya tunduk pada perjanjian setan kini mengangkat tangan mereka dalam penyembahan, akhirnya bebas. Di setiap generasi, Tuhan membangkitkan suara-suara yang menggemakan seruan yang sama: **"Yesus masih membebaskan."**

Kisah-kisah modern berikut ini adalah bukti nyata. Kisah-kisah ini singkat, lugas, dan nyata — bukan teori, tetapi kesaksian.
Setiap saksi berbicara tentang pintu masuk yang berbeda menuju perbudakan — inisiasi okultisme, perjanjian laut, perjalanan astral, sumpah rahasia — dan tentang satu pintu keluar: **darah Anak Domba** (Wahyu 12:11).

1. John Ramirez – Dari Pemuja Setan Tingkat Tinggi Menjadi Penginjil (AS)

Dahulu seorang penyihir yang memerintah iblis teritorial di New York, John Ramirez membuat perjanjian yang disegel dengan darah. Suatu malam, saat bersiap untuk sebuah ritual, sebuah tangan tak terlihat menjatuhkannya; ia melihat cahaya yang lebih terang dari api dan mendengar, *"Aku mencintaimu, John."*

Ia terbangun dengan perubahan selamanya. Hari ini ia mengajarkan pembebasan di seluruh dunia.

Ayat Alkitab: *"Anak Allah datang untuk menghancurkan pekerjaan iblis."* — 1 Yohanes 3:8

Tonton: Tautan YouTube | Pindai QR → *Kesaksian John Ramirez*

Dominion Kesimpulan: Tidak ada perjanjian yang terlalu dalam untuk dibatalkan oleh salib.

2. Tailah Scroggins – Pembebasan dari Okultisme & Pasangan Roh (AS)

Tailah tertarik pada "pekerjaan energi" New Age. Mimpi-mimpi aneh dan suami roh menyiksanya hingga tengah malam ia berteriak: *"Yesus, jika Engkau nyata, selamatkan aku."* Saat berikutnya, kegelapan sirna; ia merasakan panas, lalu kedamaian.

Kini ia memperingatkan orang lain tentang pintu-pintu okultisme yang halus.

Ayat Alkitab: *"Serulah Aku pada hari kesusahan, Aku akan menyelamatkanmu."* — Mazmur 50:15

Tonton: Tautan YouTube | Pindai QR → *Tailah Scroggins Pembebasan*

dan Kekuasaan Pesan Utama: Perjanjian tersembunyi berakhir ketika Yesus menjadi Tuhan atas setiap perasaan.

3. Peter Hockley – Melarikan Diri dari Ilmu Sihir dan Proyeksi Astral (Inggris)

Sebagai seorang penyihir yang berlatih sejak muda, Peter menguasai perjalanan astral. Selama salah satu proyeksi astral, ia bertemu dengan dinding api yang bercahaya — dan sebuah suara berkata, *"Kamu tidak boleh melewati garis ini."* Kemudian ia bertemu dengan orang-orang percaya yang berdoa sampai ia menyerahkan diri kepada Kristus.

Ayat Alkitab: *"Allah kita adalah api yang menghanguskan."* — Ibrani 12:29

Tonton: Tautan YouTube | Pindai QR → *Kesaksian Peter Hockley*

tentang Kekuasaan: Tidak ada kekuatan astral yang dapat menembus api Tuhan.

4. Faith Karuri – Pembebasan dari Kekuatan Laut (Kenya)

Dibesarkan di dekat pantai, Faith mengalami mimpi berulang tentang istana-istana di tengah laut. Selama pertemuan doa, dia menjerit ketika rantai yang tak terlihat putus; dia kemudian menggambarkan mendengar air surut.

Ayat Alkitab: *"Ia menegur laut dan mengeringkannya."* —

Nahum 1: 4
Tontonlah: Tautan YouTube | *Kesaksian Faith Karuri* **Dominion Takeaway:** Suara yang menenangkan badai juga membungkam perjanjian laut.

5. "Dulu Aku Menyembah Setan, Lalu Bertemu Yesus di Penjara" – Anonim (AS)

Seorang pemimpin geng yang mengabdikan diri kepada Setan berakhir di sel isolasi. Dalam kegelapan, ia melihat sosok berbaju putih dan mendengar, *"Aku mati untukmu."* Ia menangis berjam-jam. Kini ia menjalankan pelayanan sosial di penjara.
Ayat Alkitab: *"Meskipun aku membuat tempat tidurku di neraka, lihatlah, Engkau ada di sana."* — Mazmur 139: 8
Tonton: Tautan YouTube | *Kesaksian Pembebasan dari Penjara,*
Inti Pesan: Kasih karunia dapat menjangkau penjara terdalam.

6. Mantan Anggota Freemason – Melanggar Perjanjian dan Sumpah Rahasia

Seorang anggota senior perkumpulan mulai kehilangan kedamaian setelah bertahun-tahun mengucapkan sumpah ritual. Setelah membaca Matius 5:34 — "Janganlah kamu bersumpah sekali-kali" — ia melepaskan setiap sumpahnya dengan lantang dan merasakan sesuatu terangkat dari dadanya. Sekarang ia mengajarkan orang lain untuk mengganti sumpah dengan perjanjian di dalam Kristus.
Ayat Alkitab: *"Kamu tidak dapat melayani dua tuan."* — Matius 6:24 **Tonton: Cari** di

YouTube → *Kesaksian Mantan Freemason tentang Pembebasan (1 juta+ tayangan)* | Pindai QR → *Pembebasan Freemason*
Dominasi Kesimpulan: Setiap sumpah rahasia tunduk pada nama Yesus.

7. Ama Boateng – Remaja yang Dibebaskan dari Pasangan Roh (Ghana)

Pada usia lima belas tahun, Ama menderita mimpi buruk dan serangan gaib. Selama retret pemuda, saat ibadah mulai meningkat, dia pingsan sambil berteriak, *"Tinggalkan aku!"* Beberapa menit kemudian dia bebas.
Ayat Alkitab: *"Siapa yang dibebaskan oleh Anak* , ia benar-benar bebas."
— Yohanes 8:36 **Tonton:** Cari di YouTube → *Remaja Dibebaskan dari Pasangan Roh di Ghana (1 juta+ tayangan)* | Pindai QR → *Ama Boateng Deliverance*
Dominion Kesimpulan: Kemurnian dimulai ketika rantai tersembunyi putus di hadapan Allah.

Suara-suara ini adalah saksi—bukti bahwa pembebasan Emmanuel Eni adalah bagian dari kisah besar yang terus berlanjut: kemenangan global Yesus Kristus atas kegelapan.

Cara Berinteraksi atau Membagikan Kesaksian Anda

"Pulanglah ke rumahmu kepada teman-temanmu dan ceritakanlah kepada mereka betapa banyak yang telah Tuhan lakukan bagimu, dan betapa Ia telah menunjukkan belas kasihan kepadamu." — Markus 5:19

Kisah Emmanuel Amos Eni telah membangkitkan kesadaran jutaan orang akan realitas dunia yang tak terlihat dan keunggulan Yesus Kristus.
Sekarang giliran Anda—untuk berjalan dalam kebenaran, bersaksi tentang kuasa-Nya, dan membantu orang lain untuk terbebas.

Berikut cara Anda dapat mengambil langkah selanjutnya.

1. Bagikan Kesaksian Anda

Apakah Anda mengalami pembebasan, penyembuhan, atau kebangkitan spiritual setelah membaca buku ini?
Kami ingin sekali mendengar kisah Anda.

Email: ambassador@otakada.org
WhatsApp (Langsung): +1 804 778 2759 (AS) | +234 803 283 5348 (Nigeria)
Kirim Online: https://www.otakada.org/contact-us-otakada/

Kesaksianmu menguatkan orang lain dan membungkam musuh (Wahyu 12:11). Banyak orang telah terinspirasi kepada Kristus hanya dengan membaca kisah-kisah seperti kisahmu.

2. Bergabunglah dalam Perjalanan Pemuridan Global 40 Hari

Jika buku ini menggugah jiwa Anda, kami mengundang Anda untuk mengambil langkah selanjutnya — sebuah perjalanan transformasi terstruktur selama 40 hari yang berjudul:
"Dari Kegelapan Menuju Kekuasaan: 40 Hari untuk Membebaskan Diri dari Cengkeraman Kegelapan yang Tersembunyi."

Perjalanan ini akan membimbing Anda melalui:
Bacaan & renungan Alkitab harian, Doa pembebasan & pernyataan nubuat, Langkah-langkah penyembuhan & pemulihan, Poin-poin tindakan praktis untuk individu, keluarga, dan bangsa.

Mulailah perjalanan Anda di sini:
DARI KEGELAPAN MENUJU KEKUASAAN: 40 Hari untuk Membebaskan Diri dari Cengkeraman Kegelapan yang Tersembunyi

–

Renungan Global tentang Kesadaran, Pembebasan & Kekuatan - Untuk Individu, Keluarga, dan Bangsa yang Siap Merdeka

Buku bersampul tipis

https://shop.ingramspark.com/b/084?params=aVgp21QfwJxNANkfMxIQ0yejuFCVY12KFr978SRkZUD

Tautan Amazon - https://www.amazon.com/DARKNESS-DOMINION-Devotional-Awareness-Deliverance-ebook/dp/B0FLDH2Y67

3. Bergabunglah dengan Komunitas Penjaga Global

Anda tidak harus berjalan sendirian. Bergabunglah dengan salah satu komunitas pembekalan kami untuk bertumbuh, berdoa, dan melayani bersama orang percaya di seluruh dunia.

Bergabung melalui:

- Facebook – *Komunitas Doa Syafaat Gerakan 10 Juta*
- WhatsApp – *Komunitas GEM 1 & 2*
- Telegram – *Pemuridan Sekolah Roh Kudus*

Setiap komunitas dirancang untuk membantu Anda membangun keintiman dengan Roh Kudus, menemukan karunia Anda, dan berjalan dalam kemenangan.

4. Mendukung Misi

Dukungan Anda membantu kami menjaga pesan ini tetap hidup dan menjangkau lebih banyak bangsa.
Anda dapat bermitra dengan kami melalui doa, pemberian, atau membagikan buku ini kepada orang lain.

Kemitraan & Donasi:
https://www.otakada.org/partnership

Setiap benih yang Anda tabur membantu kami:

- Terjemahkan dan distribusikan buku ini secara global.
- Menghasilkan sumber daya pemuridan dalam berbagai bahasa.
- Mendukung kegiatan penyembuhan, pembebasan, dan pemulihan.

5. Tetap Terhubung & Terus Berkembang

Ikuti kami untuk mendapatkan pengajaran, kesaksian, dan film yang terinspirasi oleh pengalaman pembebasan sejati:

YouTube:

- Saluran Utama Pelayanan Elang Tuhan
- Duta Besar Monday O. Ogbe Channel

Beli Buku:
https://shop.otakada.org

Situs web:
https://www.otakada.org

Kata Penutup

Setiap kesaksian adalah kelanjutan dari kisah Emmanuel Eni — sebuah rantai cahaya yang menembus kegelapan. Jika Tuhan telah mulai membuka mata Anda, jangan berhenti di sini. Biarkan Roh Kebenaran menuntun Anda menuju kebebasan dan kuasa penuh.

"Bangkitlah, bersinarlah, karena terangmu telah datang dan kemuliaan Tuhan telah terbit atasmu." — Yesaya 60:1

Shalom,
Duta Besar Monday O. Ogbe (Zacharias Godseagle)
Untuk Tim Editorial, God's Eagle Ministries (GEM)
ambassador@otakada.org | www.otakada.org

Bagaimana Dilahirkan Kembali dan Memulai Hidup Baru Bersama Kristus

Mungkin Anda pernah berjalan bersama Yesus sebelumnya, atau mungkin Anda baru saja bertemu dengan-Nya melalui 40 hari ini. Tetapi saat ini, sesuatu di dalam diri Anda sedang bergejolak.

Kamu siap untuk lebih dari sekadar agama.
Kamu siap untuk **menjalin hubungan** .
Kamu siap untuk berkata, "Yesus, aku membutuhkan-Mu."

Inilah kebenarannya:

"Karena semua orang telah berdosa; kita semua tidak mencapai standar kemuliaan Allah... namun Allah, dalam kasih karunia-Nya, dengan cuma-cuma mendamaikan kita di hadapan-Nya."
— Roma 3:23-24 (NLT)

Anda tidak bisa mendapatkan keselamatan.
Anda tidak bisa memperbaiki diri sendiri. Tetapi Yesus telah membayar harga yang sepenuhnya — dan Dia menunggu untuk menyambut Anda pulang.

Bagaimana Cara Terlahir Kembali

Dilahirkan kembali berarti menyerahkan hidup Anda kepada Yesus — menerima pengampunan-Nya, percaya bahwa Dia telah mati dan bangkit kembali, serta menerima Dia sebagai Tuhan dan Juruselamat Anda.

Ini sederhana. Ini ampuh. Ini mengubah segalanya.

Ucapkan Doa Ini dengan Lantang:

"Tuhan Yesus, aku percaya Engkau adalah Putra Allah. Aku percaya Engkau mati untuk dosa-dosaku dan bangkit kembali. Aku mengaku telah berdosa dan membutuhkan pengampunan-Mu. Hari ini, aku bertobat dan meninggalkan jalan lamaku. Aku mengundang Engkau masuk ke dalam hidupku untuk menjadi Tuhan dan Juruselamatku. Sucikan aku. Penuhi aku dengan Roh-Mu. Aku menyatakan bahwa aku dilahirkan kembali, diampuni, dan bebas. Mulai hari ini dan seterusnya, aku akan mengikuti-Mu—dan aku akan hidup di jalan-Mu. Terima kasih karena telah menyelamatkanku. Dalam nama Yesus, amin."

Langkah Selanjutnya Setelah Keselamatan

1. **Beritahu Seseorang** – Bagikan keputusan Anda dengan seseorang yang Anda percayai dan memiliki keyakinan yang sama.
2. **Temukan Gereja Berbasis Alkitab** – Bergabunglah dengan komunitas yang mengajarkan Firman Tuhan dan menghidupinya. Kunjungi pelayanan God's Eagle secara online melalui https://www.otakada.org atau https://chat.whatsapp.com/H67spSun32DDTma8TLh0ov

3. **Dapatkan Baptisan** – Ambil langkah selanjutnya secara terbuka untuk menyatakan iman Anda.
4. **Bacalah Alkitab Setiap Hari** – Mulailah dengan Injil Yohanes.
5. **Berdoalah Setiap Hari** – Berbicaralah kepada Tuhan sebagai seorang sahabat dan Bapa.
6. **Tetap Terhubung** – Kelilingi diri Anda dengan orang-orang yang mendukung langkah baru Anda.
7. **Mulailah proses pemuridan di dalam komunitas** – Kembangkan hubungan pribadi dengan Yesus Kristus melalui tautan-tautan ini.

Pelatihan Murid 40 Hari 1 - https://www.otakada.org/get-free-40-days-online-discipleship-course-in-a-journey-with-jesus/

40 Murid 2 - https://www.otakada.org/get-free-40-days-dna-of-discipleship-journey-with-jesus-series-2/

Momen Keselamatanku

Tanggal : ________________________

Tanda tangan : ____________________

"Barangsiapa berada di dalam Kristus, ia adalah ciptaan baru; yang lama telah berlalu, yang baru telah datang!"
— 2 Korintus 5:17

Sertifikat Kehidupan Baru di dalam Kristus

Pernyataan Keselamatan – Lahir Kembali oleh Anugerah

Ini menyatakan bahwa

____

(Nama Lengkap)

telah menyatakan **imannya secara terbuka kepada Yesus Kristus**
sebagai Tuhan dan Juruselamat dan telah menerima karunia keselamatan cuma-cuma melalui kematian dan kebangkitan-Nya.

"Jika kamu mengaku secara terang-terangan bahwa Yesus adalah Tuhan dan percaya dalam hatimu bahwa Allah telah membangkitkan Dia dari antara orang mati, maka kamu akan diselamatkan."
— Roma 10:9 (NLT)

Pada hari ini, surga bersukacita dan sebuah perjalanan baru dimulai.

Tanggal Keputusan : ____________________________

Tanda tangan : ______________________________

Pernyataan Keselamatan

"Hari ini, aku menyerahkan hidupku kepada Yesus Kristus. Aku percaya Dia mati untuk dosa-dosaku dan bangkit kembali. Aku menerima Dia sebagai Tuhan dan Juruselamatku. Aku diampuni, dilahirkan kembali, dan dijadikan baru. Mulai saat ini, aku akan berjalan mengikuti jejak-Nya."

Selamat datang di Keluarga Allah!

Namamu tertulis dalam Kitab Kehidupan Anak Domba. Kisahmu baru saja dimulai — dan itu abadi.

TERHUBUNG DENGAN PELAYANAN ELANG TUHAN

- Situs web: www.otakada.org
- Seri Kekayaan Melampaui Kekhawatiran: www.wealthbeyondworryseries.com
- Email: ambassador@otakada.org

- **Dukung karya ini:**

Dukung proyek-proyek kerajaan, misi-misi, dan sumber daya global gratis melalui pemberian yang dipimpin oleh perjanjian.

Pindai Kode QR untuk Memberi
https://tithe.ly/give?c=308311

Kemurahan hati Anda membantu kami menjangkau lebih banyak jiwa, menerjemahkan sumber daya, mendukung misionaris, dan membangun sistem pemuridan di seluruh dunia. Terima kasih!

Give in the Spirit of Luke 6:38

3. Bergabunglah dengan Komunitas Perjanjian WhatsApp Kami

Dapatkan informasi terbaru, konten renungan, dan terhubung dengan orang-orang percaya yang berpegang teguh pada perjanjian di seluruh dunia.

Pindai untuk Bergabung

https://chat.whatsapp.com/H67spSun32DDTma8TLh0ov

BUKU & SUMBER DAYA YANG DIREKOMENDASIKAN

Mengapa Pembebasan Gagal — dan Bagaimana Api Allah Memulihkan Jiwa: 40 Pernyataan Harian untuk Pembebasan Menyeluruh

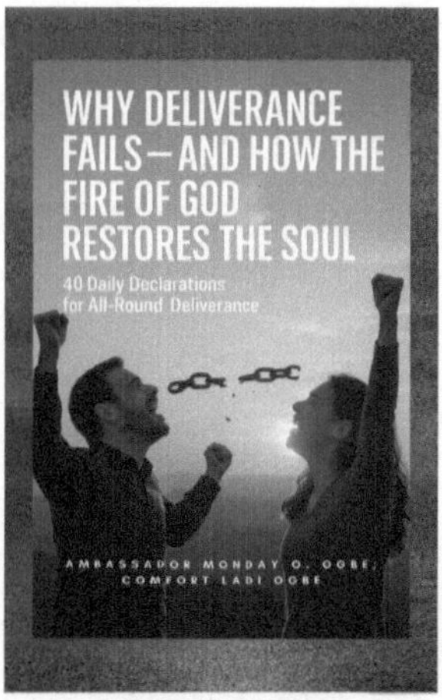

Pesan buku versi sampul lunak melalui tautan ini - https://shop.ingramspark.com/b/084?params=hRHuHyigdcnVpGc9hy9gNCOQLuCHt8ReHNPx1l1xWbZ

Ebook di Amazon - https://www.amazon.com/Why-Deliverance-Fails-Declarations-All-Round-ebook/dp/B0FW74L4G4

Kode QR –

Diselamatkan tetapi Tersesat – Mualaf yang Tidak Didisiplinkan – diterjemahkan ke dalam 25 bahasa

Buku bersampul tipis

https://shop.ingramspark.com/b/084?params=iYNB6S3P
LMfREpm0jMM15bMe3BvWlkjcYyLYnHVGAds

Ebook - https://www.amazon.com/SAVED-BUT-LOST-UNDISCIPLED-heartbreak-ebook/dp/B0FVJ29DF7

7 HARI PEPERANGAN ROHANI & PEMULIHAN - ini Bagian 1

Mengikat Musuh, Membalas Panah Tujuh Kali Lipat, dan Memulihkan Takdirmu

https://shop.ingramspark.com/b/084?params=8mPzqUl73Ex7uPyeO7ydyt8EGkkB6u2gX1jZvWU8j1C

Tautan e-book - https://www.amazon.com/DAYS-SPIRITUAL-WARFARE-RECOVERY-Returning-ebook/dp/B0FMPJM5KZ

7 HARI PEPERANGAN ROHANI & PEMULIHAN - Bagian 2 - Mengukuhkan Kemenangan, Menghancurkan Kejahatan Rumah Tangga, dan Memelihara Takdir Anda yang Dipulihkan

Buku bersampul tipis - https://shop.ingramspark.com/b/084?params=LkpNmGSsApHhWhiSO7bW3wFmcXQKIO4ZEBeSbP5rL1S

Ebook - https://www.amazon.com/DAYS-SPIRITUAL-WARFARE-RECOVERY-Wickedness-ebook/dp/B0FR9YCMY8

DARI KEGELAPAN MENUJU KEKUASAAN: 40 Hari untuk Membebaskan Diri dari Cengkeraman Kegelapan yang Tersembunyi

–

Renungan Global tentang Kesadaran, Pembebasan & Kekuatan - Untuk Individu, Keluarga, dan Bangsa yang Siap Merdeka

Buku bersampul tipis

https://shop.ingramspark.com/b/084?params=aVgp21QfwJxNANkfMxIQ0yejuFCVY12KFr978SRkZUD

Tautan Amazon - https://www.amazon.com/DARKNESS-DOMINION-Devotional-Awareness-Deliverance-ebook/dp/B0FLDH2Y67

- *Terbebas dari Kuasa Kegelapan* (Buku Saku) — Beli di Sini | Ebook di Amazon

- **Ulasan Teratas dari Amerika Serikat:**
  - **Pelanggan Kindle** : "Bacaan Kristen terbaik yang pernah ada!" (5 bintang)

Puji Yesus atas kesaksian ini. Saya sangat diberkati dan akan merekomendasikan setiap orang untuk membaca buku ini... Karena upah dosa adalah kematian, tetapi karunia Allah adalah hidup kekal. Shalom! Shalom!

- **Da Gster** : "Ini adalah buku yang sangat menarik dan agak aneh." (5 bintang)

Jika apa yang tertulis dalam buku itu benar, maka kita benar-benar jauh tertinggal dari apa yang mampu dilakukan musuh! ... Wajib dibaca bagi siapa pun yang ingin belajar tentang peperangan rohani.

- **Visa** : "Suka sekali buku ini" (5 bintang)

Ini sungguh mengejutkan... sebuah pengakuan jujur... Belakangan ini saya mencarinya di mana-mana untuk membelinya. Senang sekali bisa mendapatkannya dari Amazon.

- **FrankJM** : "Sangat berbeda" (4 bintang)

Buku ini mengingatkan saya betapa nyatanya peperangan rohani. Buku ini juga mengingatkan saya akan alasan mengapa kita harus mengenakan "Seluruh Perlengkapan Senjata Allah."

- **JenJen** : "Siapa pun yang ingin masuk Surga, bacalah ini!" (5 bintang)

Buku ini sangat mengubah hidup saya. Bersama dengan kesaksian John Ramirez, buku ini akan membuat Anda melihat iman Anda dengan cara yang berbeda. Saya sudah membacanya 6 kali!

- *Mantan Pemuja Setan: The James Exchange* (Buku Saku) — Beli di Sini | Ebook di Amazon

- ***KESAKSIAN SEORANG MANTAN PENGANUT SETAN DARI AFRIKA*** - *Pastor JONAS LUKUNTU MPALA* (Buku Saku) — Beli di Sini | Ebook di Amazon

- *Greater Exploits 14* (Buku Saku) — Beli di Sini | Ebook di Amazon

- *Out of the Devil's Cauldron* karya John Ramirez — Tersedia di Amazon
- *Dia Datang untuk Membebaskan Para Tawanan* karya Rebecca Brown — Temukan di Amazon

Buku-buku lain yang diterbitkan oleh penulis – Lebih dari 1000 judul

Dikasihi, Dipilih, dan Utuh : Perjalanan 30 Hari dari Penolakan menuju **Pemulihan** , diterjemahkan ke dalam 40 bahasa di dunia.

https://www.amazon.com/Loved-Chosen-Whole-Rejection-Restoration-ebook/dp/B0F9VSD8WL

https://shop.ingramspark.com/b/084?params=xga0WR16muFUwCoeMUBHQ6HwYjddLGpugQHb3DVa5hE

Mengikuti Jejak-Nya — Tantangan WWJD 40 Hari:

Hidup Seperti Yesus dalam Kisah Nyata di Seluruh Dunia

https://www.amazon.com/His-Steps-Challenge-Real-Life-Stories-ebook/dp/B0FCYTL5MG

https://shop.ingramspark.com/b/084?params=DuNTWS59IbkvSKtGFbCbEFdv3Zg0FaITUEvlK49yLzB

YESUS DI DEPAN PINTU:

40 Kisah yang Mengharukan dan Peringatan Terakhir Surga untuk Gereja-gereja MASA KINI

https://www.amazon.com/dp/B0FDX31L9F

https://shop.ingramspark.com/b/084?params=TpdA5j8WPvw83glJ12N1B3nf8LQte2a1llEy32bHcGg

JESUS AT THE DOOR
40 HEARTBREAKING STORIES AND HEAVEN'S FINAL WARNING TO TODAY'S CHURCHES
ZACHARIAS GODSEAGLE, COMFORT LADI OGBE, AMBASSADOR MONDAY O. OGBE

KEHIDUPAN PERJANJIAN: 40 Hari Menjalani Berkat Ulangan 28

- https://www.amazon.com/dp/B0FFJCLDB5

Kisah dari Orang Nyata, Ketaatan Nyata, dan Kenyataan Nyata

https://shop.ingramspark.com/b/084?params=bH3pzfz1zdCOLpbs7tZYJNYgGcYfU32VMz3J3a4e2Qt

Transformasi dalam lebih dari 20 bahasa

MENGENALNYA & MENGENALNYA:

40 Hari Menuju Penyembuhan, Pemahaman, dan Cinta Abadi

https://www.amazon.com/KNOWING-HER-HIM-Healing-Understanding-ebook/dp/B0FGC4V3D9

https://shop.ingramspark.com/b/084?params=vC6KCLol
7Nnum24BVmBtSme9i6k59p3oynaZOY4B9Rd

LENGKAPI, BUKAN BERSAING:

Perjalanan 40 Hari Menuju Tujuan, Persatuan, dan Kolaborasi

https://shop.ingramspark.com/b/084?params=5E4v1tHgeTqOOuEtfTYUzZDzLyXLee30cqYo0Ov9941

https://www.amazon.com/COMPLETE-NOT-COMPETE-Journey-Collaboration-ebook/dp/B0FGGL1XSQ/

KODE KESEHATAN ILAHI - 40 Kunci Harian untuk Mengaktifkan Penyembuhan Melalui Firman dan Ciptaan Tuhan Buka Kekuatan Penyembuhan dari Tumbuhan, Doa, dan Tindakan Kenabian

https://shop.ingramspark.com/b/084?params=xkZMrYcEHnrJDhe1wuHHYixZDViiArCeJ6PbNMTbTux

https://www.amazon.com/dp/B0FHJT42TK

Buku-buku lainnya dapat ditemukan di halaman penulis
https://www.amazon.com/stores/Ambassador-Monday-O.-Ogbe/author/B07MSBPFNX

www.ingramcontent.com/pod-product-compliance
Lightning Source LLC
LaVergne TN
LVHW040435051026
849517LV00002B/609
* 9 7 9 8 2 9 5 6 3 1 9 4 8 *